Teoria das Relações Internacionais

Análise de Política Externa • Haroldo Ramanzini Júnior e Rogério de Souza Farias
Economia política global • Niels Soendergaard
Teoria das Relações Internacionais • Feliciano de Sá Guimarães

Proibida a reprodução total ou parcial em qualquer mídia
sem a autorização escrita da editora.
Os infratores estão sujeitos às penas da lei.

A Editora não é responsável pelo conteúdo deste livro.
O Autor conhece os fatos narrados, pelos quais é responsável,
assim como se responsabiliza pelos juízos emitidos.

Consulte nosso catálogo completo e últimos lançamentos em **www.editoracontexto.com.br**.

Teoria das Relações Internacionais

Feliciano de Sá Guimarães

Coordenador da coleção
Antônio Carlos Lessa

editora**contexto**

Copyright © 2021 do Autor

Todos os direitos desta edição reservados à
Editora Contexto (Editora Pinsky Ltda.)

Montagem de capa e diagramação
Gustavo S. Vilas Boas

Preparação de textos
Lilian Aquino

Revisão
Bia Mendes

Dados Internacionais de Catalogação na Publicação (CIP)

Guimarães, Feliciano de Sá
Teoria das Relações Internacionais / Feliciano de Sá Guimarães. –
São Paulo : Contexto, 2021.
224 p. (Coleção Relações Internacionais /
coordenador Antônio Carlos Lessa)

Bibliografia
ISBN 978-65-5541-143-0

1. Relações internacionais I. Título II. Lessa, Antônio Carlos

21-2408	CDD 327

Angélica Ilacqua CRB-8/7057

Índice para catálogo sistemático:
1. Relações internacionais

2021

Editora Contexto
Diretor editorial: *Jaime Pinsky*

Rua Dr. José Elias, 520 – Alto da Lapa
05083-030 – São Paulo – SP
pabx: (11) 3832 5838
contexto@editoracontexto.com.br
www.editoracontexto.com.br

Sumário

INTRODUÇÃO 9
    O que são as teorias de RI:
        teorias explicativas, teorias interpretativas e teorias normativas 13
    Como as teorias de RI são apresentadas neste livro 20

PARTE I
TEORIAS EXPLICATIVAS

REALISMO 25
    As premissas teóricas do realismo em RI 26
    Conceitos centrais do realismo em RI 29
    As origens do pensamento realista – Tucídides e Thomas Hobbes 31
    O realismo clássico – Edward Carr e Hans Morgenthau 34
    O neorrealismo – Kenneth Waltz e John Mearsheimer 39

LIBERALISMO ... 45

- As premissas do liberalismo em RI ... 46
- Conceitos centrais do liberalismo em RI ... 48
- As origens do liberalismo em RI –
  Thomas More, John Locke e Immanuel Kant ... 50
- O liberalismo clássico em RI –
  Woodrow Wilson e Norman Angell ... 55
- O liberalismo institucional em RI – Robert Keohane ... 58

MARXISMO ... 65

- As premissas do marxismo em RI ... 67
- Conceitos centrais do marxismo em RI ... 71
- As origens do marxismo em RI –
  Vladimir Lênin e Antonio Gramsci ... 73
- O marxismo estrutural em RI – Immanuel Wallerstein ... 78
- A teoria crítica – Robert W. Cox ... 82

ESCOLA INGLESA ... 85

- As premissas da Escola Inglesa em RI ... 87
- Conceitos centrais da Escola Inglesa em RI ... 88
- As origens da Escola Inglesa: Hugo Grotius e Martin Wight ... 91
- A Escola Inglesa clássica: Hedley Bull e Adam Watson ... 94

CONSTRUTIVISMO ... 101

- As premissas do construtivismo em RI ... 103
- Conceitos centrais do construtivismo em RI ... 105
- As origens do construtivismo: Anthony Giddens ... 108
- Os três tipos de construtivismo vistos em
  Nicholas Onuf, Friedrich Kratochwil e Alexander Wendt ... 109

PARTE II
TEORIAS INTERPRETATIVAS

PÓS-MODERNISMO 117
As premissas do pós-modernismo em RI 119
Conceitos centrais do pós-modernismo em RI 121
Michel Foucault – o poder e o conhecimento 123

FEMINISMO 131
As premissas do feminismo em RI 134
Conceitos centrais do feminismo em RI 135
As ondas do feminismo e o pensamento de
  Mary Wollstonecraft, Simone de Beauvoir
  e Carole Pateman 138
O feminismo em RI:
  Jean Bethke Elshtain, J. Ann Tickner e Cynthia Enloe 143

TEORIA *QUEER* 151
As premissas do pensamento *queer* 153
Conceitos centrais do pensamento *queer* 155
O pensamento de Eve Kosofsky Sedgwick e Judith Butler 156
Queer IR: Cynthia Weber e V. Spike Peterson 161

PÓS-COLONIALISMO E TEORIAS NÃO OCIDENTAIS 165
As premissas do pós-colonialismo 169
Conceitos centrais do pós-colonialismo 171
O pensamento pós-colonial clássico:
  Frantz Fanon e Edward Said 173
As teorias não ocidentais 179

PARTE III
TEORIAS NORMATIVAS

COMUNITARISMO E COSMOPOLITISMO 189

    As premissas do cosmopolitismo 193

    Os autores do cosmopolitismo: John Rawls e Charles Beitz 195

    As premissas do comunitarismo 201

    Os autores do comunitarismo:
       Michael Sandel e Michael Walzer 203

CONCLUSÃO 209

SUGESTÕES DE LEITURA 213

AGRADECIMENTOS 217

BIBLIOGRAFIA 219

O AUTOR 223

Introdução

As teorias de Relações Internacionais (RI) são o principal instrumento analítico à disposição do internacionalista para compreender as relações internacionais. As teorias servem como um guia crítico para compreender fenômenos complexos e de difícil entendimento. O estudo das teorias é parte fundamental dos cursos de graduação e pós-graduação em Relações Internacionais; elas são o coração dessa disciplina e, ao lado do estudo da Política Externa, Teoria das Relações Internacionais é uma das poucas matérias específicas, encontrada unicamente nos cursos de Relações Internacionais, diferenciando-se, nesse sentido, das áreas correlatas do mundo acadêmico, tais como Ciência Política, Economia, História ou Direito.

No entanto, como veremos ao longo do livro, as teorias de RI são construídas frequentemente com textos clássicos de outras áreas. De fato, não há Teoria de RI sem Direito, História, Economia ou Política. Porém, o estudo sistemático das teorias de RI por internacionalistas foi além do que essas outras disciplinas diziam sobre temas eminentemente internacionais, tais como guerra, diplomacia, política externa e o relacionamento entre os povos. Por serem específicas e focadas nesses temas, as teorias de RI se tornaram mais complexas e mais bem acabadas para perceber o mundo internacional do que os textos que tratavam de temas internacionais em outras disciplinas. Assim, se um estudante deseja compreender e se aprofundar em temas internacionais, as demais disciplinas podem até oferecer algumas pistas, mas nada melhor que estudar as teorias de RI para entendê-los.

As teorias de RI ajudam os estudantes de RI a compreender e agir sobre o mundo internacional de três maneiras. *Primeiro*, servem como um guia para interpretar as Relações Internacionais contemporâneas. O mundo internacional é complexo demais, e as teorias ajudam a simplificar e hierarquizar os fatores que contribuem para guerras, pandemias, negociações comerciais, lutas por diretos humanos e tantos outros temas relevantes das relações internacionais. Sem o estudo das teorias de RI, o aluno de Relações Internacionais ficaria sem esse guia analítico para poder compreender um mundo cada vez mais complexo a sua frente, no qual fatores aparentemente importantes podem se tornar irrelevantes e aspectos pouco estudados virar decisivos. Desse modo, as teorias de RI têm a capacidade de desvelar como funcionam as Relações Internacionais. São como mapas que nos orientam em águas não conhecidas, nos mostrando os fatores fundamentais e deixando de lado o periférico.

Segundo, as teorias de RI também podem revelar o que está por trás dos discursos e narrativas dos atores internacionais e que nem sempre fica claro para o ouvinte. As narrativas internacionais de Estados, diplomatas e militares sempre trazem consigo interesses embutidos que invariavelmente favorecem alguns grupos em detrimentos de outros. Nesse sentido, algumas teorias de RI nos ajudam a desvendar essas narrativas de poder e colocar em evidência diversos tipos de opressões, tais como de raça, de gênero ou de credo, que nem sempre são claras. Há muito mais nos discursos de autoridades internacionais do que aparece em suas palavras e gestos. As teorias de RI também nos ajudam a entender a dominação e a opressão camufladas.

Terceiro, as teorias de RI nos ajudam a fazer análises morais sobre o mundo a nossa volta. Ajudam-nos a dizer que tipo de ação política é justa ou injusta e a partir de quais parâmetros morais podemos fazer esses julgamentos. Assim, elas procuram não apenas explicar ou desvelar o mundo, mas também nos dão códigos morais de conduta nas relações internacionais. Com elas podemos avaliar certas ações dos atores como justas ou injustas e sob quais critérios morais podemos fazer essas avaliações e propor soluções para os problemas internacionais. As teorias de RI também exigem que nos posicionemos perante a injustiça, algo tão importante em um mundo cheio de violações de direitos humanos.

Mas como podemos utilizar essas diferentes teorias para analisar casos reais e concretos das Relações Internacionais? Por exemplo, a Guerra Civil Síria (2011-) pode ser analisada usando teorias de RI de pelo menos três maneiras. Primeiro, uma teoria de RI explicativa como o *realismo* permite ao analista simplificar a realidade complexa do conflito tendo como base a luta pelo poder entre os atores locais. Os princípios e modelos analíticos realistas diriam que o analista precisa focar sua atenção na capacidade militar dos atores e como eles usam esse material para atingir seus objetivos máximos, quais sejam, sobreviver e expandir o controle sobre os demais. Outros fatores, como discursos, normas morais ou a justiça da lei internacional, pouco importam para um olhar realista do conflito, pois não ajudam a explicar a luta pelo poder. O que importa é a luta pelo poder entre os vários atores domésticos e internacionais e suas consequências mais comuns, conforme previsto pela teoria, equilíbrio ou expansão de poder material.

Uma segunda forma de analisar o mesmo conflito é tentar observar o que está por trás dos discursos dos atores em luta na guerra, principalmente os de fora da região. O que eles escondem? Quais relações de poder mascaram em seus discursos sobre a realidade do conflito? Uma teoria interpretativa e crítica como a *pós-colonial* dá ao analista os instrumentos para identificar, no discurso de países como EUA ou França, posições neocoloniais em relação ao Oriente Médio. Para essas potências, é "natural" e "obrigação" intervir militarmente na Síria porque os sírios não "sabem governar" e precisam dos ocidentais para resolver seus próprios problemas. Ainda que os discursos das potências não usem abertamente estes termos, uma teoria pós-colonial permite ao analista observar o que está por trás desses discursos tidos como universais e benignos, mas que mascaram interesses concretos.

Por fim, a terceira forma de usar uma teoria de RI para analisar a Guerra Civil Síria é observar as noções éticas de justiça embutidas nos discursos e ações dos atores envolvidos no conflito. Se o analista partir de uma visão *cosmopolita* das Relações Internacionais, para a qual qualquer pessoa em qualquer lugar do mundo possui direitos universais à integridade física e de sua comunidade, é justo utilizar a força militar das grandes potências para cessar ou estancar ataques militares que ocorrem contra grupos específicos dentro da Síria. Mas se o analista partir de uma visão *comunitarista*, para a qual os indivíduos têm direitos que só fazem sentido à luz da cultura local, uma intervenção militar das grandes potências pode violar as tradições locais, gerando injustiças ainda maiores e piorando a situação da população.

Enfim, as Teorias de RI dão ao analista e estudante de RI o aparato analítico necessário para examinar o mesmo problema concreto a partir de diversos ângulos e ênfases diferentes, a depender da teoria específica a ser utilizada. Um bom aluno de RI aprende a dominar várias teorias para pensar o mundo.

* * *

O objetivo deste livro é apresentar aos alunos de graduação em Relações Internacionais do Brasil, de uma forma didática e objetiva, as principais teorias de RI desde sua origem até os tempos atuais. Começamos com os clássicos ocidentais e orientais do século IV a.C. e vamos até os estudos mais recentes sobre gênero e pós-colonialismo. Percorremos quase 2 mil anos de história das Relações Internacionais sob diferentes ângulos analíticos e mostramos que pensar temas como guerra e diplomacia sempre esteve presente no pensamento da política, Direito ou História. Como veremos principalmente nos capítulos "Realismo", "Liberalismo", "Marxismo" e "Pós-Colonialismo e teorias não ocidentais", pensar os temas internacionais é tão antigo quanto a própria política, mas foi apenas a partir do final do século XIX que a área de RI como disciplina acadêmica começou a ser constituída na Europa.

Para entender o que uma teoria de RI representa para o mundo da política e para o mundo acadêmico, é necessário observá-la de três maneiras diferentes. Primeiro, um conjunto de ideias que pode ser encontrado na mente dos tomadores de decisão, ou seja, dos políticos profissionais e diplomatas. Muitas vezes eles ou elas agem tendo como referência, senão teorias de RI propriamente, pelo menos noções dessas teorias. Segundo, um outro conjunto de ideias que pode ser encontrado na mente dos acadêmicos, ou seja, daqueles que pensam e interpretam os acontecimentos globais. Os acadêmicos usam as teorias para interpretar e compreender as relações internacionais. E, terceiro, um conjunto de conceitos que definem a estrutura material e social do sistema internacional e como ele funciona.

Nosso objetivo aqui é discorrer sobre o terceiro aspecto. Ou seja, o conjunto de conceitos que ajuda a explicar e interpretar o sistema internacional e seu funcionamento. Não que as teorias de RI que existem na cabeça de políticos ou professores não sejam importantes. Mas nosso objetivo neste livro não é compreender os impactos das teorias de RI no mundo, na medida em que políticos e intelectuais têm grande influência na realidade, mas sim compreender o que esse conjunto de conceitos dizem sobre o mundo e como desenham o mapa interpretativo da realidade internacional. Se tudo der certo na vida de um aluno estudioso das teorias de RI, um dia ele terá em mente teorias e conceitos que o ajudarão a tomar importantes decisões quando estiver em uma posição de poder. Mas o que são mais precisamente teorias de RI?

O QUE SÃO AS TEORIAS DE RI: TEORIAS EXPLICATIVAS, TEORIAS INTERPRETATIVAS E TEORIAS NORMATIVAS

Há pelo menos três tipos de metateorias de RI: as teorias explicativas, as teorias interpretativas e as teorias normativas. As metateorias explicitam como as teorias são formuladas. Elas são caracterizadas por três aspectos fundamentais: a epistemologia, a ontologia e a metodologia. A epistemologia se preocupa com a natureza do conhecimento e como os estudiosos determinam o que é "verdade". Uma epistemologia desenvolve um relato que torna 'X' a razão relevante para acreditar em 'Y'. Por exemplo, a partir da ideia da racionalidade do Estado (premissa do realismo), os realistas sustentam que os Estados agem racionalmente para acumular poder e sobreviver em um mundo anárquico (conceito ou hipótese). A epistemologia de uma teoria mostra, de um lado, como os teóricos formulam os pressupostos – a noção inicial de "verdade" sobre o mundo – e, de outro, a lógica interna de seus conceitos e hipóteses que "explicam" como essa "verdade" funciona. Nesse sentido, a teoria precede a observação e sem teoria não pode haver especificação do objeto em estudo (ontologia) ou os padrões de evidência sobre os quais as alegações sobre o mundo podem ser julgadas (epistemologia).

Assim, para dar sentido ao mundo, o teórico precisa de uma ontologia – a forma pela qual os pesquisadores formam suas teorias –, ou seja, um relato geral e teoricamente orientado sobre o que existe no mundo e como ele funciona (A guerra entre grandes potências explica as RI? Ou a cooperação entre os Estados é o evento que explica melhor o funcionamento da ordem?). Em seguida, ele precisa de uma metodologia, ou seja, a forma de explicar ou compreender essa imagem do mundo (Como mostrar que as guerras ocorrem pela razão "X"? Analisando os arquivos históricos ou usando base de dados estatísticos?). Por fim, o teórico precisa de uma epistemologia, ou seja, uma filosofia da ciência que mostra como se pode saber ou razoavelmente acreditar naquilo que a metodologia transmite como imagem do mundo (como saber se essa afirmação é verdadeira? Quais as origens filosóficas das premissas ou da "verdade" sobre o mundo que levaram um autor a tal conclusão?).

Os três grupos de metateorias analisados neste livro têm epistemologias, ontologias e metodologias diversas. Eles encaram diferentes verdades e enxergam diferentes mundos. Primeiro, discutimos teorias que buscam *explicar* o mundo a partir de suas premissas, conceitos e hipóteses. Elas variam no conteúdo de suas premissas e na sua ontologia, mas são similares no seu intuito de explicar. Segundo, tratamos das teorias que buscam *interpretar* e/ou *criticar* as formas de explicação do mundo, olhando para como essas explicações trazem consigo formas de dominação e narrativas de poder. Elas questionam de diferentes maneiras como tais verdades sobre o mundo são construídas e quem elas privilegiam. Por fim, debatemos teorias que buscam *julgar* as ações políticas e as explicações sobre o mundo a partir de diferentes códigos éticos e morais.

Mais especificamente, a Parte I trata das teorias explicativas (realismo, liberalismo, marxismo, Escola Inglesa e construtivismo). A Parte II trata das teorias interpretativas (pós-modernismo, feminismo, teoria *queer*, pós-colonialismo e teorias não ocidentais) e a Parte III trata das teorias normativas (cosmopolitismo e comunitarismo). Nosso objetivo é trazer ao aluno, de uma maneira ampla, as principais teorias de RI em cada um dos três tipos de metateorias epistemologicamente distintas. Quanto mais ampla for essa oferta de teorias epistemologicamente diversas para o aluno de RI, mais elementos ele terá para ampliar sua capacidade analítica.

As primeiras e mais influentes dessas metateorias são as teorias explicativas. Se questionados sobre o que significa uma teoria, a maioria dos alunos, provavelmente, terá uma vaga noção das teorias explicativas e, dificilmente, saberá algo sobre teorias interpretativas ou normativas. A maioria dos manuais de teorias de RI conta a história das Relações Internacionais como disciplina, começando, obrigatoriamente, pelo estudo das teorias explicativas. Elas são as teorias fundantes da disciplina.

As teorias explicativas, muitas vezes chamadas de teorias positivistas, são simplificações abstratas da realidade. Mas elas explicam o mundo apenas em determinado domínio conceitual ou empírico e nunca na totalidade das relações internacionais, embora muitas delas aspirem isso. Assim, com o objetivo de explicar certa parte do mundo, essas teorias enfatizam alguns aspectos em detrimento de outros de maneira hierárquica.

Além disso, são chamadas muitas vezes de "teorias solucionadoras de problemas" (*problem-solving theories*). Isto é, ao tentar explicar como funciona determinado tema da ordem internacional, as teorias explicativas também fornecem elementos para solucionar o problema. Se a causa da guerra é o desequilíbrio de poder entre as grandes potências, as teorias explicativas mostram os caminhos para reequilibrar o sistema. Por isso, são inspiradas nas ciências duras (matemática, física etc.) e se colocam, muitas vezes, como neutras. O objetivo da análise teórica é entender os problemas internacionais, suas causas e consequências, e prover soluções para que não mais ocorram.

Assim, embutida em cada teoria explicativa existe uma noção de previsão e presciência. Isto é, as teorias explicativas, na medida em que buscam explicar fenômenos sociais e políticos, tentam prever o que vai acontecer no futuro, caso as condições iniciais que explicavam o fenômeno no passado se repitam. Os analistas de RI que se baseiam em teorias explicativas para analisar os cenários políticos adorariam ter uma bola de cristal.

Porém, explicar algo que ainda não foi entendido na ordem internacional não é única função das teorias de RI. Elas também servem para desvelar as formas pelas quais compreendemos as relações internacionais. As teorias interpretativas (pós-modernismo, pós-colonialismo, feminismo e teoria *queer*) pregam que as teorias explicativas (realismo, liberalismo etc.) servem a alguém e a algum propósito, e não possuem a neutralidade teórica que tanto advogam. Pelo contrário, sempre mascaram algum tipo de relação de poder embutida em sua análise. Na visão das teorias interpretativas, as teorias explicativas não buscam apenas explicar o mundo, mas sobretudo construir a própria realidade internacional. Os realistas são pessoas influentes e convencem líderes políticos a fazer guerra (ou a paz). Sua visão de mundo se transforma no próprio mundo. Isso pode perpetuar relações de dominação sem que as percebamos.

Assim, o objetivo das teorias interpretativas não é explicar como a ordem internacional funciona, mas sim desvelar como as teorias explicativas explicam essa mesma ordem internacional e como, ao explicarem conforme seus princípios e modelos, acabam construindo a "verdade" conforme a visão de mundo de seus autores. As teorias interpretativas fazem uma crítica epistemológica às teorias explicativas. Ou seja, se as teorias explicativas tentam ser neutras ao explicar a realidade, as teorias interpretativas dizem que essa realidade, na verdade, é inventada pelas próprias teorias explicativas, as quais assumem narrativas de verdade que mascaram determinada relação de poder.

Com efeito, as construções intelectuais das teorias explicativas não têm uma existência independente de seus autores e, como tal, estão sempre sujeitas a desafios e questionamentos epistemológicos. Elas são meramente categorias de investigação cujo valor está no grau em que tornam o mundo ao nosso redor mais inteligível, talvez nos permitindo explicar ou prever com mais precisão os fenômenos que observamos, porém não podem adquirir o *status* de verdade e neutralidade sobre esses mesmos fenômenos. As teorias explicativas fazem isso intencionalmente ou involuntariamente: elas não apenas explicam ou preveem os fatos, elas nos dizem quais são as possibilidades de ação e intervenção humana na realidade; elas não definem apenas nossas possibilidades explicativas, mas também nossas práticas éticas e horizontes de ação.

Tomemos como exemplo, para ficar mais claro, um caso bastante comum. O realismo diz que o sistema internacional é definido pela anarquia. Isto é, não há nenhum poder legítimo sobre os Estados que possa impor a ordem no sistema. Enquanto no nível doméstico existe uma hierarquia na legitimidade do poder – nós reconhecemos a polícia e as forças armadas como legítimas detentoras da força –, no nível internacional nenhum Estado está formalmente acima dos demais, imperando, portanto, um ambiente anárquico em que não há legitimidade para o uso da força. Ou seja, a sobrevivência do Estado em um ambiente anárquico só pode acontecer a partir de atos heroicos perante a ameaça constante do uso da força. Nesse ambiente, resta aos mais fracos aceitarem as consequências ou se aliarem aos mais fortes para sobreviver.

Para os interpretativistas, essa narrativa realista constrói uma realidade internacional restrita e perigosa para Estados e grupos sociais que não possuem um arcabouço militar relevante e, mais do que isso, ao construir uma "verdade" sobre a ordem internacional, acaba condicionando os atores sociais a perceberem essa realidade anárquica como efetivamente real, sendo que é inventada. Para os interpretativistas, há outras formas de poder que não se expressam apenas pela força material. A força dos discursos, por exemplo. Se, por um lado, a teoria realista pode ser vista como um discurso que assegura aos EUA, Rússia e China um lugar especial na ordem internacional, por outro, discursos contestadores e contra-hegemônicos colocam essa narrativa em xeque, diminuindo por consequência a própria relevância desses países para a ordem internacional. No entanto, os discursos contra-hegemônicos não são vistos pelas teorias explicativas como relevantes.

Em suma, as teorias interpretativistas olham para as teorias explicativas como discurso e narrativa que constroem a realidade internacional em vez de teorias que explicam o "real". Daí a importância de estudar as teorias interpretativistas. O estudante de RI precisa saber avaliar criticamente as narrativas dominantes da área científica. Isso ajuda na formação crítica e atenta dos internacionalistas sobre a própria análise acerca das relações internacionais. Como veremos adiante, as teorias explicativas (dominantes) podem carregar dentro de seus modelos certos pressupostos teóricos e mecanismos explicativos que promovem desigualdades e dominações de gênero ou coloniais, por exemplo. O estudante de RI precisa estar atento a essas contradições, e as teorias interpretativas ajudam na construção desse olhar mais refinado.

Por fim, a terceira maneira de se olhar para as teorias de RI são as teorias normativas (cosmopolitismo e comunitarismo). Se as teorias explicativas provêm os instrumentos necessários à compreensão e fornecem possíveis soluções aos problemas internacionais, por sua vez, as teorias normativas sugerem qual dessas soluções é a mais desejável do ponto de vista da justiça. Isto é, as teorias normativas não tratam de explicar a realidade internacional, elas buscam dar ao internacionalista uma concepção moral e ética sobre como se deve agir nas relações internacionais.

Esses princípios derivam de certas visões morais e éticas sobre o mundo. A teoria normativa envolve todas as abordagens conceituas cujo foco principal é o estabelecimento de padrões de conduta e recomendações de certos modos de vida e estruturas institucionais. A teoria normativa é o reino da ética e de suas implicações para o comportamento humano. A controvérsia sobre questões éticas está ligada às discussões sobre regras universais preexistentes para a ação individual e também a uma natureza humana condicionada pelas circunstâncias comunais dos indivíduos. Ou existe um indivíduo universal que se encontra em todos os lugares do planeta ou existe um indivíduo que só pode ser entendido pelos critérios de justiça que sua cultura local proporciona. As ações políticas em relação a esse indivíduo – intervenções militares ou ajuda humanitária – devem sempre levar em consideração pelo menos uma dessas duas visões morais sobre o mundo.

Por exemplo, em alguns países a pena de morte para homossexuais é juridicamente legal. Nesses locais, quando essa prática é protegida por lei, geralmente deriva de visões religiosas que a autorizam. As teorias normativas não tentam explicar como e por que essa prática ocorre, mas sim se ela é justa ou não e a partir de quais critérios de justiça se pode avaliá-la. Como veremos no capítulo "Cosmopolitismo e comunitarismo", há duas maneiras de avaliar tal prática. A primeira diz que pena de morte para homossexuais é injusta porque viola a liberdade de orientação sexual. As teorias cosmopolitistas diriam que uma violação da liberdade individual é injusta sob quaisquer circunstâncias e em qualquer lugar. A segunda forma diria que essa pena não é necessariamente injusta porque seria justificada perante os códigos morais locais, que dão sentido à vida em sociedade daqueles cidadãos. Segundo as teorias comunitaristas, cabe a essa comunidade definir as regras locais do que seria justo ou injusto, não convindo uma avaliação universal de justiça, e sim uma avaliação nacional ou local. Qual visão está "certa"? Nenhuma. A pergunta correta é: qual dessas visões é justa?

As teorias normativas sustentam que toda teoria explicativa tem uma visão normativa embutida na formação de seus pressupostos, conceitos e variáveis. Essa visão pode gerar injustiças na medida em que atores políticos sugerem, como solução política a certos problemas internacionais, aquilo que a teoria explicativa promove como resolução. Assim, as teorias explicativas não apenas reproduzem certas narrativas de poder, tal como dizem as teorias interpretativas. Elas também promovem certas visões morais que, eventualmente, podem gerar grandes injustiças. Existe um problema epistemológico adicional às teorias explicativas: a normatividade de suas previsões.

Por exemplo, para a teoria realista, a anarquia faz do sistema internacional o domínio da ação política racional e, portanto, justa. Uma ação política racional tem como base a ação egoísta, o que exclui a solidariedade, a liberdade, a igualdade e a justiça. Em um sistema marcado pela proeminência de Estados egoístas, faz-se com que outros atores sejam subalternos e/ou excluídos, o que elimina as opções políticas que esses grupos possam oferecer, opções não necessariamente racionais e egoístas. A busca incessante pelo poder, pregada pela teoria realista, marginaliza todos os outros objetivos, como a defesa dos direitos humanos, por exemplo. Para os realistas qualquer ação motivada por preceitos éticos é considerada ingênua.

O realismo prega um relativismo moral sem comunhão global de valores entre indivíduos. Tudo vale pelo poder e sua manutenção.

Como pudemos observar, cada um desses grandes grupos teóricos cumpre um papel na forma de entender as relações internacionais. As teorias explicativas simplificam e buscam explicar certos temas e espaços da ordem internacional. As teorias interpretativas buscam desvelar o que está por trás das teorias explicativas e dos discursos políticos, demonstrando como essas narrativas escondem relações de poder que favorecem certos atores em detrimento de outros. Por fim, as teorias normativas fornecem aos alunos de RI um arcabouço ético e moral para que eles possam fazer avaliações de justiça na ordem internacional, por exemplo em temas candentes como limpeza étnica ou violações de direitos humanos, ou seja, em relação às próprias teorias explicativas e seus códigos morais embutidos e escondidos.

No quadro a seguir, inserimos cada teoria apresentada no livro dentro do contexto das metateorias e do trinômio epistemológico (explicar, interpretar, julgar):

Teorias explicativas	Teorias interpretativas	Teorias normativas
Realismo	Pós-modernismo	Cosmopolitismo
Liberalismo	Feminismo	Comunitarismo
Marxismo	Teoria *queer*	
Escola Inglesa	Pós-colonialismo	
Construtivismo		

COMO AS TEORIAS DE RI SÃO APRESENTADAS NESTE LIVRO

Aqui nosso objetivo é fornecer um panorama de cada teoria com seus principais autores e contribuições. Na Parte I, tratamos das teorias explicativas. Nas Partes II e III, tratamos das teorias interpretativas e normativas respectivamente. No total, apresentamos dez grupos teóricos desde sua origem histórica até os autores mais recentes.

Uma parte dos manuais de teorias de RI apresenta-as obedecendo a lógica dos grandes debates intrateóricos, ou aquilo que se convencionou chamar "os grandes debates paradigmáticos" (realismo *vs.* liberalismo, neorrealismo *vs.* neoliberalismo etc.). Isto é, para cada grande contribuição teórica existe uma contraposição rival que questiona os pressupostos, os principais conceitos ou hipóteses daquele paradigma. Essa visão mais tradicional, marcadamente estadunidense, tem sua origem na obra clássica de Edward Carr, *Vinte anos de crise (1919-1939)*, publicada em 1939. Nesse livro, o autor faz a famosa divisão entre realistas e idealistas, entre aqueles que veem o mundo como ele funciona e aqueles que dizem como o mundo deve ser. Algumas décadas mais tarde, e por causa da revolução behaviorista dos anos 1970, essa dicotomia de modelos teóricos foi renovada com o neorrealismo de Kenneth Waltz e sua obra *Teoria das Relações Internacionais* (1979) e com o neoliberalismo de Robert Keohane e seu livro *After Hegemony* (1984). Por fim, nos anos 1990, com o advento das teorias interpretativas, uma nova dicotomia foi estabelecida. Dessa vez entre as teorias explicativas e as teorias críticas. Autores como Waltz e Keohane foram criticados pelo pós-estruturalismo (ou pós-modernismo, como chamamos neste livro) de autores como R. B. J. Walker e Richard Ashley. Este último questionava o domínio do realismo e liberalismo na área, propondo novas formas de pensar as próprias teorias explicativas. Há ainda uma disputa sobre o sequenciamento desse debate, ou seja, se o primeiro é o segundo, o segundo o quarto e assim infinitamente.

Em nossa visão, essa maneira de apresentar teorias por meio de debates binários reflete em grande medida uma realidade americanizada, pois estão mais interessados em saber o local e *status* dos EUA no sistema internacional do que entender como países em desenvolvimento podem alterar a ordem internacional ou mesmo como outros atores sociais podem influir nessa mesma ordem. Além disso, o ensino das teorias de RI por meio dos grandes debates paradigmáticos deixa de lado o marxismo e a teoria da dependência, assim como dá pouca ênfase ao pós-colonialismo ou às discussões do feminismo e da teoria *queer*. Sem contar que cita marginalmente a tradição da Escola Inglesa e não inclui os debates mais recentes sobre teorias não ocidentais. Em suma, o modelo convencional de ensinar teorias de RI nos EUA não abarca a enorme diversidade teórica que a área adquiriu nos últimos 30 anos.

Por isso, a nossa escolha é por um modelo explanatório mais amplo e que contemple o maior número possível de tradições teóricas, levando em consideração aspectos menos explorados pela tradição americana, tais como o contexto de países em desenvolvimento, os debates sobre a normatividade das teorias e as tradições da Escola Inglesa e do marxismo, este último muito importante para pensar as relações internacionais a partir da América Latina. Além disso, é possível que a era dos grandes debates paradigmáticos em teorias de RI esteja com os dias contatos. Há uma crescente demanda por trabalhos e análises que mesclem diferentes teorias, trazendo para cada análise a riqueza de uma visão mais plural das teorias de RI.

Assim, cada teoria apresentada neste livro segue uma lógica que se divide em quatro partes e de acordo com a história intelectual intrínseca de cada teoria. Primeiro, apresentamos os pressupostos da teoria e como esses princípios orientam a sua construção, com suas hipóteses e argumentos. Segundo, apresentamos os conceitos fundamentais da teoria e o que eles pretendem responder. Terceiro, recuperamos os clássicos fundantes da teoria – muitas vezes autores de outras áreas do conhecimento – para mostrar ao aluno a evolução conceitual da teoria ao longo da história intelectual. Quarto, tratamos dos autores contemporâneos centrais de cada teoria e suas principais contribuições.

PARTE I
TEORIAS EXPLICATIVAS

Realismo

O realismo é a teoria mais influente das Relações Internacionais. É considerada a teoria fundante da área como disciplina no mundo ocidental e se refere a uma tradição de pensamento que enfatiza os imperativos e necessidades que os Estados enfrentam na busca pelo poder e pela defesa do interesse nacional. A epistemologia do realismo é o império da *realpolitick*, ou política do poder. Para os realistas, a arena em que a busca pelo poder se expressa mais claramente é a guerra entre Estados. O realismo é uma teoria explicativa típica porque procura demonstrar as causas e consequências das guerras entre Estados.

Os alunos de RI precisam conhecer o realismo para poder dialogar com as demais teorias, já que quase todas o criticam. Os autores fundamentais do pensamento realista moderno – Edward Carr e Hans Morgenthau e Kenneth Waltz – são leituras obrigatórias e básicas de qualquer curso de RI no Brasil e no mundo. Todos os manuais e cursos de teorias de RI começam com o estudo sobre o realismo. É normal muitos alunos de RI se apaixonarem pelo realismo no início do curso para depois, gradativamente, abandonar essa paixão à medida que novas teorias são aprendidas e o pensamento crítico se forma. Neste livro ficará claro que as teorias se constroem em interlocução com as demais e que o realismo é o ponto de partida crítico de teorias como liberalismo, Escola Inglesa, construtivismo e todas as teorias interpretativas.

É possível também que o realismo seja a teoria que mais influencia os tomadores de decisão e políticos profissionais que trabalham nas relações internacionais. Embora políticos profissionais não necessariamente estudem o realismo como teoria, não deixa de ser sintomático que muitos diplomatas e políticos importantes dos séculos XIX e XX tenham sido associados ao pensamento realista, tais como Henry Kissinger, George F. Kennan, conde de Cavour, Charles de Gaulle e até mesmo Mao Tsé-tung, precursor da China comunista. No Brasil, o diplomata mais associado a este pensamento é Azeredo da Silveira, ministro das Relações Exteriores durante o governo de Ernesto Geisel (1975-1979), embora essa associação seja controversa.

Este capítulo é dividido em cinco seções. Primeiro, serão apresentadas as premissas fundamentais do realismo. Segundo, discutiremos alguns conceitos centrais da teoria. Terceiro, discorreremos sobre os pais fundantes do pensamento realista para as RI: Tucídides e Thomas Hobbes. Quarto, serão abordados o realismo clássico em RI e seus autores: Edward Carr e Hans Morgenthau. Quinto, discutiremos os realistas contemporâneos, chamados de neorrealistas: Kenneth Waltz e John Mearsheimer.

AS PREMISSAS TEÓRICAS DO REALISMO EM RI

O realismo, como modelo teórico das RI, tem cinco pressupostos fundamentais. *Primeiro*, os Estados são os atores principais em um mundo anárquico sem governança legítima central. Os Estados representam as principais unidades de análise, seja cidades-Estados gregas ou Estados-nações modernos. Não há outros atores – instituições internacionais, ONGs, empresas multinacionais – que sejam mais relevantes para o sistema internacional. A unidade estatal é o centro da política mundial e as unidades mais poderosas são aquelas que definem o futuro dessa mesma ordem, seja ele de paz ou guerra. Isso não significa que os demais tipos de atores não sejam relevantes, mas apenas que para a teoria realista o Estado é o ator decisivo e central, fazendo com que todos os demais pressupostos e conceitos derivem dessa premissa inicial.

Segundo, o Estado é visto como um ator unitário. Para fins de construção de teoria, os realistas veem o Estado como uma caixa preta. Ou seja, não precisamos olhar para dentro da caixa preta – se o Estado é uma democracia ou comunista – para entender seu comportamento na ordem internacional. O objetivo de todos é sobreviver ou expandir poder. Um país enfrenta o mundo exterior como uma unidade integrada independente dos fatores domésticos que o influenciam, tais como tipos de regimes políticos. De fato, uma suposição comum associada com pensamento realista é que as diferenças políticas entre os Estados e dentro deles são pouco relevantes para a teoria porque, em última análise, o Estado fala sempre com uma só voz na ordem internacional – a voz do interesse nacional. Para os realistas, uma democracia como a Noruega tem o mesmo comportamento estatal que um país comunista como Cuba. Não é o regime em si que marca o comportamento, mas o fato de essas unidades serem Estados formalmente iguais.

Terceiro, o poder é definido em termos materiais. Isto é, para os realistas o poder de um Estado é medido em termos da capacidade material, principalmente militar. Quanto maior a capacidade material do Estado, menos provável é sua derrota em um conflito e a perda territorial para outro Estado mais poderoso. O poder para os realistas é algo tangível e, portanto, calculável e comparável. É possível medir o poder de um Estado e compará-lo aos demais usando parâmetros minimamente iguais. Essa visão realista gerou uma dicotomia nos estudos em RI entre o poder duro (*hard power*) e o poder brando (*soft power*). O primeiro é o que importa para os realistas, pois apenas a posse de tal recurso material em abundância previne o Estado de desaparecer ou ajuda a expandir sua influência no sistema internacional. O poder brando – geralmente caracterizado pelo poder das ideias e das normas – é um fenômeno importante, porém pouco decisivo para os realistas.

Quarto, dada essa ênfase no Estado como ator unitário, os realistas fazem a suposição adicional segundo a qual o Estado é essencialmente um ator racional. Isto é, age sempre conforme uma relação entre meios (capacidade material) e fins (interesse nacional) na busca da maximização dos ganhos políticos. Em um processo racional de tomada de decisões em política externa, os líderes do Estado levam em consideração todas as alternativas de política externa possíveis tendo em mente três elementos. Primeiro, as capacidades existentes e disponíveis. Segundo, a probabilidade relativa de atingir os objetivos dadas as várias estratégias possíveis. Terceiro, os custos e os benefícios associados a cada alternativa de política externa. Depois desse processo de análise racional das alternativas, os diplomatas selecionam a alternativa que potencializa ao máximo a utilidade. Ou seja, eles escolhem uma estratégia que maximiza o benefício e reduz os custos associados à consecução dos objetivos almejados.

Quinto, os realistas pressupõem que existe uma hierarquia temática no sistema internacional. Isto é, a segurança nacional encabeça a lista de prioridades, deixando para trás temas como comércio, finanças ou direitos humanos. Não que esses temas não façam parte da vida internacional dos Estados, mas a segurança nacional toma precedência sobre eles, porque é preciso sobreviver às ameaças de uma potência externa, ou seja, porque é preciso aumentar o poder relativo com o advento de novas armas e tecnologias. Assim, a política militar e de segurança domina a política mundial criando uma dicotomia entre "alta política" e "baixa política", esta última composta de temas não relacionados à segurança nacional.

Estes cinco pressupostos ou premissas – Estado como ator central, Estado como ator unitário, Estado como ator racional, segurança como tema central e poder medido em termos materiais – formam a quina sagrada e comum a todos os realistas contemporâneos. O que temos no realismo é uma epistemologia da racionalidade pensada em termos de poder. As divergências entre os autores residem menos no significado ou forma como eles entendem essas premissas e mais em sua ênfase, fatores desencadeantes e modelos que se constroem a partir delas para explicar a realidade internacional. O quadro a seguir mostra de maneira mais clara as premissas do realismo:

Estado é o ator central do sistema internacional			
Estado é um ator unitário	Estado é um ator racional	Segurança é alta política	Poder medido em termos materiais

CONCEITOS CENTRAIS DO REALISMO EM RI

Os conceitos fundamentais do realismo são anarquia, autoajuda, equilíbrio de poder e ganhos relativos. Esses quatro conceitos permitem ao aluno de RI compreender como os pressupostos geram outros conceitos, que por sua vez geram teorias mais abrangentes e que explicam grandes fenômenos sociais e políticos como a guerra e a paz. Porém, ao contrário dos pressupostos que são compartilhados por todos os realistas, os conceitos variam entre os autores, tanto no seu significado como em seu uso. No entanto, o importante para o aluno é assimilar o que cada conceito significa para depois comparar com as teorias dos autores realistas em particular.

O primeiro conceito é *anarquia*. Para os realistas o sistema internacional é caracterizado por uma anarquia, ao passo que a política doméstica é caracterizada pela hierarquia. Isto é, no sistema internacional não existe autoridade legítima para impor a ordem por meio do uso da força. Não existe um Estado internacional capaz de fazer valer sua vontade. Já no âmbito doméstico, o próprio Estado – com suas forças policiais e militares – é reconhecido como o ator que detém o monopólio legítimo da força física. Todos os indivíduos reconhecem as forças de segurança do Estado como aquelas que possuem legitimidade para usar a violência para impor a ordem. Outras forças – gangues, milícias e crime organizado – não são reconhecidas como legítimas, ainda que tenham grande capacidade de destruição. O mesmo não ocorre no sistema internacional, pois não há nenhum Estado acima dos demais, ainda que haja uma grande disparidade em termos de poder material entre eles. A China é formalmente igual ao Paraguai, ainda que a diferença de poder entre ambos seja enorme.

Esse ambiente leva ao segundo conceito: a *autoajuda*. Isto é, a anarquia faz com que os Estados tenham que contar apenas com seus próprios recursos internos para sobreviver e não serem anexados ou destruídos por países mais poderosos. As alianças são apenas um recurso temporário e pouco confiável dentro de um ambiente anárquico. Daí a importância do poder em termos materiais, pois apenas o poder das armas é que pode assegurar a sobrevivência ou expansão do Estado racional no sistema internacional.

O terceiro conceito é *equilíbrio de poder*. Como sabemos, os Estados racionais procuram aumentar o seu poder ou se proteger dos demais por meio da aquisição e produção de armas qualitativa e quantitativamente superiores. Na visão dos realistas, como todos os Estados racionais fazem o mesmo, ocorre uma tendência ao equilíbrio de poder material entre os mais poderosos (grandes potências). Ou seja, na busca incessante por mais segurança, as grandes potências se tornam equilibradas entre si, elevando drasticamente os custos de uma guerra direta entre elas. Esse foi o caso típico da rivalidade entre EUA e União Soviética durante a Guerra Fria. Em vários momentos, as duas potências estavam equilibradas em termos de poder material e os custos para uma guerra (nuclear) entre elas eram muito altos. Assim, para alguns realistas, o equilíbrio de poder gera a paz armada entre as grandes potências.

Os *ganhos relativos* são o quarto conceito, intimamente ligado ao equilíbrio de poder. Para os realistas os Estados racionais estão preocupados com os ganhos relativos em termos de poder material dos demais. Cada vez que outro Estado aumenta seu poder material relativo, com a aquisição ou produção de armas, o poder do Estado em questão diminui automaticamente. Para os realistas, o sistema internacional tem recursos finitos. Isso força os Estados perdedores a se armarem incessantemente no intuito de reequilibrar a perda de poder relativo, levando, por conseguinte, ao equilíbrio de poder que falamos anteriormente. A Guerra Fria também é caracterizada pela predominância dos ganhos relativos, na medida em que cada aumento de poder nuclear dos Estados Unidos era automaticamente percebido pela União Soviética como uma perda relativa, o que levava Moscou a adquirir e produzir mais armas, configurando assim uma corrida armamentista e um equilíbrio de poder.

O quadro a seguir ajuda a demonstrar os quatro conceitos fundamentais do realismo:

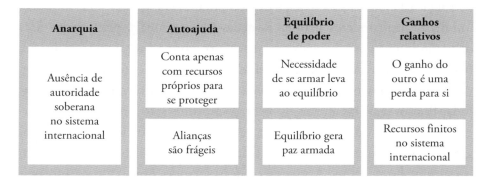

AS ORIGENS DO PENSAMENTO REALISTA – TUCÍDIDES E THOMAS HOBBES

Nesta seção, vamos discutir os pontos principais de dois pensadores históricos do realismo. Tucídides e Thomas Hobbes não desenvolvem teorias explicativas em si, mas discutem premissas e conceitos que mais tarde serão utilizados pelos realistas clássicos e contemporâneos. Eles representam, por assim dizer, a origem epistemológica do realismo em RI. O primeiro registro histórico do conceito de equilíbrio de poder aparece em Tucídides. Por sua vez, Thomas Hobbes cria a ideia de anarquia no sistema internacional com a metáfora de o Estado de Natureza nas relações internacionais ser igual ao estado de guerra. É mais difícil compreender os autores contemporâneos do realismo sem ter uma noção do que disseram os clássicos do pensamento realista.

Tucídides e a *História da Guerra do Peloponeso*

A Guerra do Peloponeso, entre Esparta e Atenas no século V a.C., é o ambiente no qual Tucídides (471-400 a.C.), um general ateniense, escreve um dos grandes clássicos do pensamento ocidental: *História da Guerra do Peloponeso*. Nessa incrível obra, Tucídides discorre sobre como a Liga do

Peloponeso, liderada por Esparta, se sobrepõe à Liga de Delos, liderada por Atenas. Tucídides faleceu antes de a guerra terminar e não pôde observar a derrota final ateniense na Batalha de Egospótamo em 405 a.C. Sua obra traz inúmeros ensinamentos para as Relações Internacionais, pelo menos dois deles são importantes para a nossa discussão sobre o pensamento realista: a natureza das alianças e, principalmente, a armadilha de Tucídides.

Como vimos anteriormente, uma das premissas do realismo é a autoajuda. Para os realistas apenas os recursos próprios asseguram a sobrevivência em um mundo anárquico. Isso tem origem em Tucídides. O general grego mostra como as alianças (Liga de Peloponeso e Liga de Delos) foram o estopim do conflito. A guerra começa quando Atenas busca proteger Córcira, uma cidade-Estado aliada, contra a agressão de Corinto, uma aliada de Esparta. Córcira era uma ex-colônia de Corinto que se rebela contra os antigos suseranos e derrota Corinto na Batalha de Síbota, com o apoio da poderosa marinha de Atenas. Após demanda de Corinto, Esparta se vê obrigada a iniciar a guerra para fazer jus à aliança defensiva criada contra Atenas e por receio da expansão do poder ateniense sobre membros de sua aliança. Tucídides mostra, portanto, a baixa confiabilidade das alianças nas relações internacionais e como elas podem se tornar uma atração fatal para as grandes potências. Tucídides aponta que os Estados contam apenas com seus próprios recursos perante ameaças externas.

O conceito mais importante e revolucionário de Tucídides é equilíbrio de poder. As palavras dele ainda ecoam mais de 2 mil anos depois: "Foi a ascensão de Atenas e o medo que isso instigava em Esparta que fizeram da guerra algo inevitável". Para os realistas, essa asserção descreve um padrão histórico. Sempre que um Estado aumenta em poder rapidamente, desequilibrando a balança de poder, o Estado rival reage rapidamente para reverter essa tendência, seja se armando ou iniciando um conflito.

Assim, para Tucídides, a causa das guerras estaria no desequilíbrio de poder, e consequentemente a paz seria fruto do equilíbrio. Essa percepção criou a chamada "armadilha de Tucídides": toda vez que um Estado aumenta rapidamente em poder acaba gerando reações contrárias do Estado rival, que frequentemente levam à guerra. Assim, a explicação para a causa da guerra não estava na natureza do Estado (oligarquia espartana é mais belicosa que democracia ateniense), mas sim no sistema internacional – o desequilíbrio de poder. É muito comum associar a crescente rivalidade entre China e EUA à armadilha de Tucídides. A ascensão chinesa aumenta o medo estadunidense e Washington pode reagir por meio da guerra.

Thomas Hobbes e o *Leviatã*

A filosofia política do inglês Thomas Hobbes (1588-1679) foi influenciada pelos acontecimentos das primeiras décadas do turbulento século XVII. Como Tucídides, Hobbes tinha uma visão pessimista da natureza humana. Visão que influenciaria particularmente o trabalho de realistas clássicos, como Hans Morgenthau, e contemporâneos, como Kenneth Waltz. A filosofia política de Hobbes foi marcada por sua própria experiência de vida, notadamente pela Guerra Civil inglesa de 1640.

Thomas Hobbes é um dos mais importantes filósofos contratualistas que dominaram o pensamento político ocidental entre os séculos XVI e XVIII. Esses filósofos interpretam o funcionamento da política em sociedade por meio da metáfora do contrato social. Fortemente influenciados pelos primeiros relatos da vida dos nativos nas Américas, os contratualistas usavam a vida selvagem americana como metáfora para a origem do homem e sua transição para a vida em sociedade por meio de um contrato estabelecido entre os indivíduos. Assim, conceitos como natureza humana, Estado de Natureza e contrato social são centrais para os contratualistas.

Nesse contexto, o homem selvagem descrito por Hobbes em sua obra máxima, *Leviatã* (1648), é mau por natureza, porém não é selvagem e desprovido de razão. Pelo contrário, é um ser racional e trans-histórico. Ou seja, sua natureza não muda conforme o tempo, ou a história, ou a vida social. É um ser individualista que vive em sociedade não por instinto natural, mas pela força do contrato social que o obriga a aceitar o outro. Sua vida social é baseada no interesse individualista e, desconfiado dos demais, age sempre estrategicamente. Aproxima-se de outrem apenas quando há possibilidade de benefícios e ganhos. Em famosa frase, Hobbes argumenta que "o homem é o lobo do próprio homem", sempre disposto a destruir o outro se necessário.

A transição do Estado de Natureza para o contrato social é decorrente da necessidade de acabar com a guerra constante entre os indivíduos. Como o Estado de Natureza é o equivalente a um estado de guerra, este indivíduo mau por natureza está sempre disposto a praticar a violência. Assim, para viver em paz os indivíduos abdicam do seu direito de possuir armas e praticar a violência impunemente e o transferem para um Estado Civil, o qual fica responsável pela imposição legítima da ordem. Consequentemente, o poder do governante deve ser ilimitado, indivisível e absoluto. Os limites não se sustentam no exercício do poder do soberano, que é juiz de si próprio e de seus súditos. A soberania é total e indivisível.

O impacto de Hobbes na visão realista das relações internacionais decorre de uma visão dos Estados como indivíduos em um estado mítico de natureza. Apesar de seu foco no *Leviatã* ser as sociedades domésticas, suas observações também tiveram grande repercussão para a política internacional. Na ausência de uma autoridade soberana ou central, o mundo anárquico das relações internacionais descrito por ele é equivalente ao Estado de Natureza de Hobbes onde a guerra (ou a possibilidade dela) é constante. Para sobreviverem, os Estados são deixados à própria sorte em um mundo em que cada um afirma ser independente ou autônomo em relação ao outro.

O REALISMO CLÁSSICO – EDWARD CARR E HANS MORGENTHAU

Nesta seção, discorremos sobre dois autores fundamentais para a construção do pensamento realista moderno: Edward Carr (1892-1982) e Hans Morgenthau (1904-1980). É a partir deles que poderemos compreender mais especificamente o tipo ideal do pensamento realista moderno, com seus princípios centrais e suas hipóteses mais recorrentes.

Edward Carr e os *Vinte anos de crise*

O diplomata inglês Edward Hallett Carr (1892-1982) foi uma pessoa de sorte. Ele começou sua carreira como diplomata do Foreign Office do Reino Unido na Conferência de Paz de Paris (1919-1920) que produziu o Tratado de Versalhes e a Liga das Nações, embrião da futura Organização das Nações Unidas (ONU). Esteve ao lado de John Maynard Keynes, famoso economista e crítico do Tratado de Versalhes e das consequências negativas que causaria na política mundial, na delegação britânica que participou da Conferência. Carr também se tornou um grande crítico dos rumos da política mundial pós-Primeira Guerra Mundial e dos erros do Tratado de Versalhes.

Muito preocupado com o mundo do pós-Guerra e desgostoso com a carreira, Carr abandonou a diplomacia e se dedicou à vida acadêmica. Produziu três grandes obras. A primeira é um esforço de 14 volumes sobre a história da União Soviética de 1917 a 1929, a segunda é um livro muito estudado nos cursos de História, chamado *O que é História?* e publicado apenas em 1961; e sua obra mais importante: *Vinte anos de crise: 1919-1939 – uma introdução ao estudo das Relações Internacionais*, publicado em 1939.

Este último ele dedicou "aos fazedores da paz vindoura", dado que o objetivo do estudo era entender as causas que levavam ao desastre iminente da Europa, um conflito que viria a ser a Segunda Guerra Mundial. Escrito no calor do momento e no limiar da maior guerra da história, a obra de Edward Carr inaugura o que se convencionou chamar de o primeiro grande debate das teorias de RI: realistas *versus* idealistas.

Em prefácio à segunda edição, Carr deixa claro que seu objetivo fundamental no livro era criticar a política excessivamente idealista que dominava a política mundial desde o fim da Primeira Guerra. Como veremos no capítulo sobre o liberalismo, autores como Norman Angell e políticos como Woodrow Wilson advogavam a supremacia do direito e do "dever ser" sobre o poder. Na opinião de Carr, o problema do pós-Primeira Guerra residiu essencialmente no fracasso do "pensamento político utópico", consubstanciado na Liga das Nações, e em sua tentativa de controlar os acontecimentos por meio de vontades políticas em vez de olhar para a distribuição de poder e os fatos como eles apareciam no horizonte.

Para explicar seu argumento acerca da oposição entre utopismo e realismo, Carr desenvolve cinco oposições. A ideia era mostrar os pontos principais do pensamento realista em oposição ao pensamento idealista. Primeiro, Carr discute a oposição entre livre-arbítrio e determinismo, ou seja, entre atos de vontade e a força dos fatos que determinam os resultados políticos. Segundo, a oposição entre teoria e prática. Para o autor, o utópico transforma a teoria política em uma norma à qual a prática política deve se ajustar, ao passo que o realista vê a teoria política, que explica os fatos internacionais, como um tipo de codificação da prática política real. Terceiro, o intelectual *versus* o burocrata. Enquanto o primeiro é treinado a pensar por meio de teorias apriorísticas, o segundo é treinado a pensar conforme as circunstâncias dadas. Quarto, a antítese entre radical e conservador, sendo o primeiro alguém utópico e disposto a ajustar os fatos à teoria; e o segundo alguém realista, disposto a olhar os fatos antes de pensar abstratamente. Por fim, a oposição entre ética e política. O utópico estabelece um padrão ético que proclama ser independente da política e procura fazer com que a política se adapte a esse padrão. O realista não aceita nenhum padrão moral previamente estabelecido, exceto quando sustentado pela força dos fatos.

Hans Morgenthau e *A política entre as nações*

Hans Morgenthau (1904-1980) nasceu na Alemanha e migrou para os EUA pouco antes da Segunda Guerra para então se tornar professor de Política Internacional na Universidade de Chicago. Em 1948 publicou sua *magnum opus* intitulada *A política entre as nações: a luta pelo poder e pela paz*. Preocupado com o advento das armas nucleares e interessado em pensar qual seria o papel dos EUA no novo sistema internacional pós-Segunda Guerra, Morgenthau inovou na forma de pensar a tradição epistemológica do realismo.

A obra representa uma crítica ao pensamento realista encontrado na filosofia política na medida em que engloba a empiria – a análise real dos acontecimentos – e a incorpora na sua análise teórica. Em sua época, a lógica da guerra começava a ser concebida tanto em termos de dissuasão (fortalecimento militar para aumentar os custos de ataque do inimigo), como em termos de mútua destruição entre grandes potências nucleares (o ataque de uma potência nuclear a outra potência nuclear levaria a uma destruição total de ambas). Essa situação nova na política mundial – potências nucleares com poder de destruir o mundo – forçou Morgenthau a repensar os conceitos da teoria realista. A guerra não mais podia ser pensada em termos convencionais, mas sim estratégicos.

Assim, para construir sua teoria, Morgenthau postula os seis princípios básicos do realismo político: (1) a política é governada por leis objetivas que têm suas raízes na natureza humana; (2) o interesse nacional é definido em termos de poder; (3) o interesse nacional definido em termos de poder não é dotado de um significado fixo e válido para todas as ocasiões (paz, guerra ou comércio), mas sim pelo contexto em que a ação de política externa ocorre. Ou seja, as circunstâncias e os fatos que definem se o Estado quer guerra ou paz; (4) na política existe uma tensão constante entre a moral e os requisitos de uma ação política bem-sucedida, fazendo com que princípios morais universais devam ser sempre filtrados pelas circunstâncias concretas de tempo e lugar; (5) recusa ao universalismo moral, ou seja, as aspirações morais de uma nação em particular – EUA, Brasil ou China – não são equivalentes a leis morais que governam o universo; e (6) o Realismo Político, como disciplina, é autônomo perante os demais campos das ciências sociais.

Tendo em mente esses princípios, Morgenthau desenvolve três conceitos que vão se tornar importantes para explicar sua visão sobre o funcionamento do sistema internacional a partir da tradição realista: poder, interesse nacional e equilíbrio de poder. Cada conceito é construído a partir dos seis princípios do realismo e dos ensinamentos dos clássicos, tais como Edward Carr, Tucídides e Hobbes.

Morgenthau inova na concepção de poder. Para ele o poder abarca tudo que estabeleça e mantenha o controle do homem sobre o homem. O poder é entendido como fim e não como meio da política. A política internacional consiste, portanto, em uma luta constante pelo poder entre os Estados. Assim, sejam quais forem os fins da política internacional (paz ou guerra), o poder constitui sempre o objetivo imediato do Estado.

Dessa forma, o *interesse nacional* é uma condição permanente que dá aos estadistas um guia racional de ação. Isto é, os interesses são fixos e sempre transcendem as trocas de governos, não podendo ser definidos pelo capricho de um líder ou partidos políticos, mas sim pela luta constante pelo poder. Os interesses se impõem como um dado objetivo sobre todos os homens que aplicam suas faculdades racionais no exercício da política externa. *O interesse nacional é definido em termos da busca constante pelo poder*. Qualquer outro objetivo de política externa – defesa dos direitos humanos ou comércio internacional – é subalterno à busca pelo poder.

Similar ao que dizia Tucídides, a aspiração de poder por parte de várias nações, em que cada uma tenta manter ou alterar o *status quo*, leva necessariamente a uma configuração que é chamada de equilíbrio de poder. Para Morgenthau as políticas traçadas para preservá-lo são inevitáveis e um elemento estabilizador essencial em uma sociedade de nações soberanas. Portanto, *o equilíbrio é algo que acontecerá a despeito da vontade dos Estados, estabilizando o sistema internacional*. O equilíbrio significa estabilidade dentro de um sistema composto por uma variedade de atores unitários e racionais que lutam pelo poder. Sempre que tal equilíbrio é perturbado, seja por uma força externa ou por uma mudança ocorrida em um dos componentes do sistema (uma potência em ascensão), os demais Estados trabalharão para restabelecer o equilíbrio original ou um novo equilíbrio.

Em suma, com Morgenthau podemos ver pela primeira vez a construção de uma teoria explicativa das Relações Internacionais. Interessado em entender a ascensão dos EUA como grande potência e preocupado com a mudança no padrão da guerra no pós-Segunda Guerra, Morgenthau desenvolveu uma teoria usando premissas básicas (seis princípios do realismo) que, por sua vez, são utilizadas para construir conceitos mais densos (poder, interesse nacional e equilíbrio). *A política entre as nações* seria a primeira teoria do Ocidente construída para explicar a ação do Estado racional no sistema internacional.

O NEORREALISMO – KENNETH WALTZ E JOHN MEARSHEIMER

O professor Kenneth Waltz (1924-2013) é o autor mais citado e debatido das Relações Internacionais contemporâneas. Fundador da escola do neorrealismo, escreveu duas grandes obras que mudaram a forma como entendemos as teorias de RI: *O homem, o Estado e a guerra: uma análise teórica*, publicada em 1959, e *Teoria das Relações Internacionais*, publicada em 1979. A primeira reflete a tese de doutorado obtida na Universidade de Colúmbia na qual Waltz cria a famosa metáfora das três imagens da guerra para as causas das guerras. Já a segunda reflete um desenvolvimento natural da primeira na medida em que procura dar consistência teórica própria à terceira imagem – o sistema internacional – discutida na obra anterior.

Vinte anos após a publicação de sua tese de doutorado, Waltz volta ao cenário com o livro *Teoria das Relações Internacionais*, onde mostra como a estrutura do sistema anárquico internacional tem peso decisivo sobre as decisões de Estados racionais e unitários. Nessa obra densa e complexa, Waltz inaugura o neorrealismo, também chamado de realismo estrutural ou realismo defensivo. Vamos ver o que significa cada um desses termos e discutir três conceitos centrais para Waltz: estrutura internacional, poder e equilíbrio de poder.

O nome *neorrealismo* vem da atualização e modernização que Waltz produz frente à contribuição de Morgenthau. Muito influenciado pelas limitações teóricas da obra *A política entre as nações*, Waltz dá um passo além na medida em que consegue dar consistência teórica ao conceito de sistema internacional, algo menos desenvolvido teoricamente por Morgenthau. O nome *realismo estrutural* também está relacionado a esse aspecto, uma vez que Waltz vê o sistema internacional como independente dos Estados, um conceito com vida própria e com efeitos próprios. Uma estrutura que pesa sobre os agentes.

Muito influenciado pelo estruturalismo dos anos 1970 e pela bipolaridade da Guerra Fria, Waltz utiliza o conceito de estrutura social para definir a estrutura do sistema internacional. Na visão do autor, para se definir estrutura deve-se ignorar como as unidades se relacionam entre si e concentrar a atenção na *posição* de uma em relação às outras (como estão posicionadas no sistema). Isto é, a estrutura é definida pelos seus polos de poder – bipolar (duas potências dominantes) ou multipolar (três ou mais potências dominantes). Trata-se, portanto, de um quadro posicional do sistema internacional.

Com efeito, para Waltz, *a estrutura do sistema internacional é definida como uma distribuição de capacidades materiais sob anarquia*. Mudanças sistêmicas só ocorrem quando se altera o número de grandes potências (bipolar para multipolar ou vice-versa). E, como uma estrutura é definida pela disposição das suas partes e pelo princípio dessa disposição (bipolar ou multipolar), apenas mudança nessa disposição representa, de fato, uma mudança estrutural do sistema. Além disso, para Waltz as estruturas (bipolaridade ou multipolaridade) podem durar por muito tempo enquanto a personalidade, o comportamento e as interações entre os Estados variam largamente. Para Waltz os atributos dos Estados (democracia, comunismo etc.) não importam para a definição da estrutura internacional, e sim a disposição entre os Estados em termos de potência (bipolarismo ou multipolarismo).

Resumindo, para Waltz a continuidade ou mudança no sistema (transição de sistema bipolar para multipolar ou vice-versa) não deve ser procurada no nível dos atores (comunista *versus* capitalista), mas sim na forma pela qual os Estados estabelecem relações a partir do número de grandes potências (bipolarismo ou multipolarismo). Nesse caso, as relações entre Estados autônomos se tornam variáveis dependentes da estrutura do sistema internacional, a qual define e restringe a ação das unidades e nunca o contrário. É a estrutura que define como e quando os Estados vão agir.

É dentro desse quadro posicional do sistema internacional que Waltz discute o conceito de poder. Para o autor, a disposição das unidades responde à lógica do poder relacional. Para ele, *a acumulação de poder pelos Estados é um meio e não um fim*, ao contrário do que dizia Morgenthau. Na visão de Waltz, este fim é a *sobrevivência* em um sistema anárquico e perigoso. Os Estados são diferentes por conta de suas maiores ou menores capacidades materiais de desempenharem uma função similar, qual seja, a sobrevivência em um sistema internacional sem capacidade de impor a ordem.

Essa diferença em relação a Morgenthau, e como veremos adiante, em relação ao conceito de poder de John Mearsheimer, é fundamental para a teoria realista de Waltz. Enquanto para Morgenthau o acúmulo de poder é objetivo principal do interesse nacional dos Estados, para Waltz o poder material é apenas um meio para o Estado sobreviver e não ser destruído ou anexado por Estados mais fortes. É por isso que a teoria de Waltz é chamada de realismo defensivo, ao passo que as teorias de Morgenthau e Mearsheimer são intituladas realismo ofensivo. Para Waltz, os Estados usam o poder para se defender. Para Morgenthau, os Estados têm como objetivo acumular e expandir seu poder.

Por fim, Waltz tem uma importante contribuição para o conceito de equilíbrio de poder. Como ele tem uma visão estrutural, o equilíbrio de poder é também um atributo do sistema que ocorrerá quer as unidades queiram ou não. Dada a percepção de que o Estado é um ator racional, egoísta e que, no limite, busca sua sobrevivência, a interação entre os Estados no ambiente conflitivo das relações internacionais tem como resultado a *tendência ao equilíbrio de poder*. Os Estados podem ter vontade de ampliar seus domínios, mas isso será automaticamente equilibrado pela mesma vontade em outros. E, mais do que isso, como o nível de incerteza no multipolarismo é muito alto, pois várias potências competem entre si, o sistema também tem uma tendência a se bipolarizar. Ocorre uma eliminação automática das grandes potências até sobrar apenas duas que se equilibram em poder. É comum analisar a atual disputa entre China e EUA como uma tendência à bipolarização do sistema depois de um período curto de unipolaridade em que os EUA eram o principal poder.

Com a definição de estrutura internacional encontrada no livro *Teoria de Relações Internacionais*, Waltz finalmente consegue dar consistência teórica à terceira imagem, algo com que ele vinha sonhando desde a publicação de *O homem, o Estado e a guerra* 20 anos antes, além de se diferenciar de Morgenthau e dar uma contribuição inovadora para a área.

John Mearsheimer e *The Tragedy of Great Power Politics*

O professor John Mearsheimer (1947-), da Universidade de Chicago, também deu um passo adiante no desenvolvimento da teoria realista das RI. Em sua obra *The Tragedy of Great Power Politics*, publicada em 2001, ele explica por que as relações entre as grandes potências são dominadas por conflitos. Ecoando Kenneth Waltz, Mearsheimer argumenta que olhar para a estrutura da política internacional é essencial para entender por que as guerras entre grandes potências ocorrem com tanta frequência.

Para construir sua teoria, Mearsheimer lança mão de cinco premissas. Primeira, a política internacional ocorre em um ambiente anárquico onde não há um "governo de governos" para impor regras e punir os atores. Segunda, nenhum Estado pode ter certeza absoluta das intenções do outro, nem de que outros Estados não usem força contra ele. Terceira, a sobrevivência é a principal motivação de todos os Estados do sistema internacional. Quarta, os Estados são entidades racionais no sentido instrumental da palavra, pensam estrategicamente sobre sua situação externa e escolhem a estratégia que maximiza seu objetivo básico de sobrevivência. Finalmente, os Estados sempre possuem alguma capacidade militar que lhes permite ferir e possivelmente destruir um ao outro.

Unindo essas premissas, Mearsheimer deduz que os Estados logo percebem que a maneira mais eficiente de garantir a sobrevivência na anarquia é maximizar seu poder relativo na tentativa de se tornar um Estado hegemônico. Um *hegemon* é definido como um Estado tão poderoso que domina todos os outros do sistema. No entanto, nem todos os Estados podem maximizar seu poder relativo simultaneamente e, portanto, o sistema internacional está destinado a ser uma arena de incansável competição entre grandes potências pela hegemonia.

Assim, na visão de Mearsheimer, maximizar o poder relativo até o ponto da hegemonia é o objetivo final de todas as grandes potências, ao contrário de Waltz, para quem o poder almeja a sobrevivência. A hegemonia global, no entanto, é praticamente impossível, porque projetar força maciça nos oceanos do mundo é, segundo Mearsheimer, muito difícil. Somente nos raros casos em que um Estado atinge o monopólio nuclear é que a hegemonia global está ao alcance. Porém, é improvável que isso aconteça, porque os Estados rivais se esforçarão ao máximo para desenvolver suas próprias forças retaliatórias nucleares, contendo o Estado que deseja ser hegemônico.

Segundo o autor, a hegemonia regional é o único objetivo estratégico possível ao Estado racional. Isso faz com que a região geográfica onde o Estado se encontra ocupe o centro do pensamento de Mearsheimer. Para ele, o objetivo máximo das grandes potências é, de fato, ser uma potência hegemônica no sistema internacional, porém para atingir esse objetivo precisam primeiro consolidar a hegemonia regional. A consolidação da hegemonia regional seria, portanto, o primeiro estágio para a expansão global. Assim, o resultado mais comum da luta pela supremacia é uma grande potência alcançar a hegemonia regional e o controle de alguma região próxima (p. ex.: EUA nas Américas e Europa). Já o melhor resultado é uma das potências regionais impedir que outras potências regionais sejam criadas (EUA atuando no Leste Asiático contra a China).

Mearsheimer inova também na sua concepção de poder. Para ele poder é a soma da capacidade material com a capacidade latente. O poder material é representado por dois aspectos – pelo militar territorial, que é a capacidade de um Estado em manter e adquirir territórios, e pelos poderes navais e aéreos, que se limitam a apoiar a necessidade do poder militar terrestre em manter e adquirir territórios. Já o poder latente é a capacidade de determinado país em transformar ativos como população, riqueza e tecnologia em poder militar. Essa visão favorece o papel dos EUA no sistema na medida em que é a única grande potência capaz de projetar esse tipo de poder (terrestre, naval e aéreo) em todas as regiões do planeta. E, assim como Morgenthau, Mearsheimer entende que a maximização do poder é a melhor maneira de sobreviver.

Em suma, na visão do autor, potências hegemônicas globais não existem, apenas potências hegemônicas regionais com pretensões globais. Essa é uma diferença importante para a teoria de Waltz, para quem não é possível hegemonia no sistema, seja ela global ou regional. Enquanto Waltz defende o equilíbrio de poder, Mearsheimer defende a expansão do poder das grandes potências. Por isso, a teoria de Waltz é chamada de realismo defensivo, ao passo que a teoria de Mearsheimer, realismo ofensivo.

Liberalismo

O liberalismo é um dos paradigmas dominantes das Relações Internacionais. Com origem ocidental, está centrado no indivíduo e seus direitos naturais ou civis. Esta tradição de pensamento desenvolveu rebuscadas teorias sobre o papel do indivíduo em sociedade, assim como das instituições políticas e econômicas que regulam sua vida. O liberalismo tem uma noção arraigada de que é possível reformar o ser humano e melhorar suas condições de vida e sua liberdade por meio da educação, cooperação e diálogo. Enquanto o realismo tem uma visão negativa da vida internacional, os liberais possuem uma visão mais otimista e de que é possível, por meio da razão e educação, reformar o cidadão e as relações internacionais.

A tradição do pensamento liberal é vasta, sendo difícil sintetizar em apenas um capítulo. Assim, nosso foco é a tradição do pensamento liberal e idealista em relação ao papel do Estado nas relações internacionais. Ao contrário dos realistas, que querem explicar o poder e as causas das guerras entre os Estados, os liberais querem explicar como a cooperação entre os Estados ocorre (e deve ocorrer) em um sistema internacional anárquico.

Os liberais pensam como criar e reformar instituições internacionais para que levem à paz por meio da cooperação. Como veremos, existem diferenças razoáveis epistemológicas entre o realismo e o liberalismo, mas nas Relações Internacionais essas diferenças são mais ontológicas que epistemológicas. Liberais e realistas veem o mundo internacional de maneira diferente, mas partem de pressupostos parecidos sobre o que é a "verdade".

Edward Carr dizia que, sem idealismo, o realismo seria estéril, desprovido de propósito; e, sem realismo, o idealismo seria ingênuo, desprovido de compreensão do mundo no qual se busca agir. Para Carr, as Relações Internacionais deveriam ser uma ciência que unisse o "o mundo como ele é" com o "o mundo como ele deveria ser". Utopia e realidade seriam as duas faces das Relações Internacionais. Para ele, o pensamento político sólido e a vida política sólida somente seriam encontrados quando ambos tivessem seu lugar.

Este capítulo é dividido em cinco seções. Primeiro, discutiremos as premissas fundamentais do liberalismo. Segundo, abordaremos alguns conceitos centrais da teoria. Terceiro, analisamos as fundações filosóficas do liberalismo com os escritos Thomas More, John Locke e Immanuel Kant. Quarto, analisamos o liberalismo clássico do entreguerras com Woodrow Wilson e Norman Angell. Em seguida, discutiremos o institucionalismo liberal de Robert Keohane.

AS PREMISSAS DO LIBERALISMO EM RI

O liberalismo tem cinco premissas básicas nas Relações Internacionais. *Primeiro*, os teóricos liberais têm fé na razão e progresso humanos. O poder da razão libera os indivíduos de uma vida sob o jugo da natureza e do místico. Pelo uso da razão, podemos entender e moldar a natureza e a sociedade sem depender da assistência de um ser superior. De acordo com teóricos liberais, os seres humanos são capazes de seu destino, incluindo moldar as relações internacionais e moldar as ramificações negativas da ausência de um governo mundial. Os liberais inclinam-se para suposições de racionalidade e acreditam que os indivíduos são atores racionais e que buscam o progresso da vida em sociedade por meio da cooperação.

Segundo, Estados e atores não estatais são entidades importantes no mundo político. O liberalismo apresenta uma visão pluralista das relações internacionais que é composta não apenas de Estados, mas também de múltiplos atores não estatais, indivíduos e grupos sociais. Se para os realistas o Estado é o ator fundamental, para os liberais o Estado continua a ter importância, porém é acompanhado de outros atores não estatais (ONGs, corporações etc.).

Terceiro, para o liberalismo o Estado não é um ator unitário na política externa. As instituições domésticas dos Estados importam e têm influência no comportamento estatal. O Estado é desagregado em seus componentes internos (Presidência, Legislativo, agências estatais etc.), além de ser continuamente sujeito a influências externas e internas de diversos atores não estatais. Se para os realistas o sistema internacional anárquico é o ponto de partida da análise e os fatores domésticos têm pouca importância na explicação, para os liberais ocorre o oposto. Na análise liberal sobre a formulação e condução da política externa do Estado, o papel do tipo de regime político (democracia ou ditadura), a influência dos demais atores estatais para além do presidente e diplomatas e o papel dos atores não estatais têm importância explicativa.

Quarto, não existe uma hierarquia entre alta-política (segurança) e baixa política (demais temas). Questões econômicas e sociais são centrais para o liberalismo. A hierarquia de temas do realismo – a questão de segurança tem prevalência sobre as demais – é deixada de lado e ocorre uma fluidez maior de outros temas e agendas relevantes. Assim, o Estado não é voltado exclusivamente à sobrevivência em um ambiente de guerra como querem os realistas, mas se torna um ente capaz de atentar para diversos temas simultaneamente na condução de sua política externa. O foco dos liberais é voltado a temas como integração econômica, comércio internacional, interdependência, direitos humanos, paz entre democracias, instituições internacionais e nos mais diversos modos e meios de governança global.

Quinto, os liberais tendem a ver as relações econômicas e políticas entre atores estatais e não estatais como um aspecto pacificador da ordem internacional. A cooperação e a interdependência entre os atores geram um efeito moderador no comportamento do Estado, tornando-o menos propenso à guerra. Ao contrário do princípio da autoajuda dos realistas, os liberais entendem que o Estado pode contar com ajuda dos demais por meio da cooperação. Na visão dos liberais, o comércio internacional, por exemplo, gera paz e diminui a possibilidade da guerra.

Esses cinco pressupostos ou premissas – crença na razão humana, pluralidade de atores no sistema internacional, agenda internacional sem hierarquia temática, Estado como ator plural e não unitário, e cooperação como fator mitigador das guerras – formam as bases do pensamento compartilhado entre os liberais. As divergências entre os autores liberais residem menos no significado ou forma como eles entendem essas premissas e mais em sua ênfase, fatores desencadeantes e modelos teóricos particulares que se constroem a partir delas para explicar a realidade internacional. O quadro a seguir mostra sinteticamente as premissas do liberalismo:

Fé na razão e progresso humanos			
Estado como ator plural e não unitário	Não há hierarquia temática nas relações internacionais	A cooperação entre os Estados leva à paz	Pluralidade de atores nas relações internacionais

CONCEITOS CENTRAIS DO LIBERALISMO EM RI

Nesta seção, trataremos de quatro conceitos centrais para o liberalismo em Relações Internacionais: cooperação, instituições, poder e ganhos absolutos. Porém, ao contrário das premissas que são compartilhadas por quase todos os liberais, os conceitos variam entre os autores tanto no seu significado como em seu uso. O importante para o aluno é assimilar o que cada conceito significa para depois comparar com as teorias dos autores liberais em particular.

Primeiro, a cooperação entre Estados e demais atores não estatais é um conceito central do liberalismo. Ao contrário dos realistas, para quem a cooperação entre os Estados é incidental e menos relevante, para os liberais a cooperação entre os Estados é algo presente e universal nas relações internacionais. Os Estados tendem a cooperar porque percebem ser essa a maneira mais eficaz para alcançar seus objetivos. A ideia geral é que cooperação constante e permanente entre os atores das relações internacionais aprofunda a interdependência entre eles, aumentando, assim, os custos da guerra. Se o Estado depende de determinado parceiro e aquele aliado também depende do Estado, então não há mais razão para o conflito entre eles, pois ambos sofrerão grandes perdas se entrarem em guerra entre si.

Segundo, as instituições internacionais são um conceito relevante para os liberais. As instituições representam um corpo de regras formais ou informais que condicionam o comportamento dos atores. O pensador Immanuel Kant já defendia no século XVIII, como veremos adiante, uma federação de Estados no sistema internacional. Assim, seria possível reformar comportamentos voltados à guerra por meio de regras comportamentais pacíficas. Na visão mais utópica do liberalismo, as instituições congregam as ideias que unem os indivíduos em sociedade e não suas divisões e antagonismos. A premissa liberal segundo a qual o Estado não é unitário se baseia na ideia de que diferentes instituições levam a diferentes comportamentos e resultados. Países democráticos têm instituições e política externa democrática, ao passo que países autoritários têm instituições e um comportamento estatal que correspondem a essa realidade.

Terceiro, o conceito de poder para os liberais é diferente do conceito entre os realistas. Enquanto para os realistas o poder é definido em termos estritamente materiais, para os liberais o poder é material e ideacional. Ou seja, os liberais acreditam que as ideias também possuem e exercem poder nas relações internacionais e que elas podem ser racionalizadas para o bem comum e o progresso. Os liberais continuam a acreditar no peso do poder material, mas diminuem a preponderância desse aspecto em sua concepção de poder.

Quarto, uma das consequências da fé na razão humana é a crença no conceito de ganhos absolutos nas relações internacionais. Ao passo que realistas defendem os ganhos relativos, no qual os ganhos políticos de um país significam necessariamente uma perda para os demais, os liberais acreditam nos ganhos absolutos no qual o ganho de um país não significa uma perda para os demais. Se para os realistas o bolo de ganhos é restrito e cada fatia consumida diminui os ganhos dos demais, para os liberais vários bolos podem ser produzidos e o consumo de fatias não significa perda para aqueles que ficaram para trás. Eles podem ganhar no futuro com a próxima repartição do bolo de ganhos.

No quadro a seguir resumimos os quatro conceitos fundamentais do liberalismo para as relações internacionais:

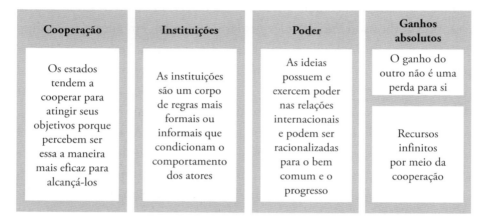

AS ORIGENS DO LIBERALISMO EM RI – THOMAS MORE, JOHN LOCKE E IMMANUEL KANT

Nesta seção, discorreremos sobre três pensadores clássicos do liberalismo. Primeiro, trataremos da obra *Utopia*, publicada em 1516, pelo filósofo inglês Thomas More. Nessa obra, o escritor inaugura uma tradição política de imaginar o que seria a sociedade mais perfeita e feliz possível e quais seriam as reformas necessárias para alcançar esse objetivo. Segundo, discorreremos sobre John Locke e o livro *Segundo tratado sobre o governo civil*, de 1689, no qual o escritor inglês sustenta que o Estado de Natureza não é necessariamente um estado de guerra, como queria Thomas Hobbes, em uma oposição à visão pessimista da ordem internacional. Terceiro, discutiremos o livro *À paz perpétua*, de Immanuel Kant, de 1795, um marco no pensamento liberal e utópico. Nessa obra veremos a importância da qualidade das instituições estatais para o pensamento liberal e como podem ser transportadas para a arena internacional.

Thomas More e *Utopia*

A palavra *utopia* pode ser associada tanto a um gênero literário – a narrativa sobre uma sociedade perfeita e feliz – como a um discurso político – a exposição sobre a cidade justa com instituições admiradas pelos seus cidadãos. Em *Utopia* (1516), Thomas More (1478-1535) produz uma parábola satírica dos costumes políticos da Inglaterra do século XVI, mais precisamente da corte do rei Henrique VIII, para o qual trabalhava e que, posteriormente, o condenou à pena máxima, de decapitação. More inventa a cidade-Estado de Utopia, cuja origem vem do grego e significa "lugar irreal"; o nome da capital do país – *Amaurota* – significa "cidade inexistente".

Normalmente classificado como precursor do pensamento utópico e idealista, Thomas More tem importantes ensinamentos sobre a qualidade das instituições e a natureza da guerra nas relações internacionais. A estrutura formal da obra consiste em dois livros. O primeiro contém um diálogo entre More e um viajante imaginário chamado Rafael Hitlodeu, que faz pesadas críticas à Igreja, ao Código Penal e às guerras nas relações internacionais. O segundo, na forma de um longo conto relatado por Hitlodeu, é uma descrição dos aspectos sociais, econômicos, políticos e condições religiosas da "Ilha de Lugar Nenhum", ou Utopia, onde os homens viviam felizes e admiravam seus governantes. Para Rafael Hitlodeu, Utopia é a melhor de todas as repúblicas que já existiram.

Em crítica aos poderes eclesiásticos e monásticos do seu tempo, More imaginou Utopia como uma república de homens bons e racionais, em oposição à monarquia ungida por Deus. O príncipe é eleito entre os mais sábios dos cidadãos e não alguém escolhido por Deus. O poder decisório é distribuído entre a Assembleia popular, o Conselho da Ilha e o Príncipe, mostrando a clara predileção de More pelo princípio da divisão de poder. Além disso, More faz duras críticas à forma pela qual as monarquias faziam guerras, geralmente com o objetivo de conquistar território e riqueza. Os habitantes de Utopia, ao contrário, não faziam guerras para conquistar territórios, mas sim para libertar povos oprimidos por tiranias, embora os utopianos tenham partido posteriormente para a construção de seu próprio império.

Assim, três pontos da obra de Thomas More parecem relevantes para o pensamento liberal e utópico. Primeiro, é possível reformar o homem e suas instituições. É possível sonhar com um mundo alternativo onde certas opressões e privilégios não existam mais. Segundo, as instituições domésticas importam e, nesse sentido, há uma clara predileção das repúblicas sobre as monarquias e sobre a divisão interna de poder ao poder absoluto. E, por fim, há o reconhecimento de que embora as guerras sejam perenes elas podem ser levadas adiante por motivos humanitários. Elas não precisam almejar a exploração e a conquista e podem ser conduzidas por sentimentos mais nobres, como a defesa da liberdade contra a tirania, antecipando o debate histórico dentro do liberalismo em RI sobre o embate entres democracias e ditaduras.

John Locke e o *Segundo tratado sobre o governo civil*

O contratualista John Locke (1632-1704) tem uma visão otimista do Estado de Natureza em seu livro *Segundo tratado sobre o governo civil*, publicado em 1689. Como já afirmamos anteriormente, os contratualistas são os filósofos que analisam o mundo social e político por meio da metáfora do contrato social. Ou seja, como os indivíduos vivendo no Estado de Natureza decidem, ou são forçados a decidir, sobre a construção de um contrato social que representa o Estado.

Para Locke, no estado natural "nascemos livres na mesma medida em que nascemos racionais". Os homens, por conseguinte, seriam iguais, independentes e governados pela razão. O estado natural seria a condição na qual as leis da natureza permanecem exclusivamente nas mãos do indivíduo, sem que ele se torne comunal. Além disso, todos os homens participariam dessa sociedade singular que é a humanidade, ligando-se pelo liame comum da razão. No estado natural, todos os homens teriam o destino de preservar a paz e a humanidade e evitar ferir os direitos dos outros. Assim, o Estado de Natureza lockeano é diferente do estado de guerra hobbesiano, no qual o homem é o lobo do próprio homem.

Nesse contexto, o contrato social se dá por meio do consentimento e não por meio da união com base no medo e precaução, como em Hobbes. Todos têm que concordar em sair do Estado de Natureza para firmarem o pacto civil de vida em sociedade. O indivíduo tem que ter sua vontade respeitada e Locke defende a regra da maioria para o consentimento. Se for desejo do indivíduo ficar no Estado de Natureza, então não há pacto possível, a não ser que ele seja obrigado, o que o tornará um escravo. Se em Hobbes os indivíduos perdem direito individuais quando criam o contrato social, em Locke os direitos naturais (liberdade, vida e bens) não são perdidos, mas sim mantidos pelo contrato, personificado na figura do Estado. O Estado Civil lockeano é, portanto, um aperfeiçoamento civil do Estado de Natureza e seus direitos fundamentais.

Os ensinamentos de John Locke para as relações internacionais são três. Primeiro, a concepção mais benigna do Estado de Natureza e do indivíduo. Segundo, a visão de um Estado que é fruto dos acordos entre os indivíduos e que não tem poderes absolutos, sendo contido pela divisão interna do poder e pelas leis que asseguram os direitos individuais. Terceiro, uma concepção das relações internacionais baseada na rivalidade em que os Estados podem formar acordos entre si para se chegar à paz, e não um mundo conflituoso como pensava Hobbes. O que se vê é o papel das instituições domésticas na condução do Estado e a necessidade de conter esse poder por meio da sua diluição entre diversos atores sociais e políticos. Locke advoga a divisão de poder interna dos Estados e a ação internacional desse ator responderá a essa divisão.

Immanuel Kant e À paz perpétua

O pensamento de Immanuel Kant (1724-1804) exerceu profunda influência no pensamento liberal em Relações Internacionais. Em *À paz perpétua* (1795), Kant defende a superioridade da república liberal como forma de governo frente à predominância das monarquias absolutistas da Europa de sua época. Ensina ainda que não se pode estudar as relações entre os

Estados e os diferentes comportamentos estatais de forma isolada. Pelo contrário, é preciso estudar, simultaneamente, o sistema de Estados e o comportamento específico de cada Estado para ter uma visão mais ampla das relações internacionais. Nesse sentido, Kant defende a ideia segundo a qual uma crescente pacificação do sistema internacional ocorrerá à medida que se amplie o número de repúblicas democráticas, levando o sistema a uma união pacífica liberal (*foedus pacificum*). Ele explica que, se por um lado os Estados liberais não entram em guerra entre si, por outro, os Estados liberais não são pacíficos em suas relações com Estados não liberais. Para Kant, o povo que governa a república não quer ver seus filhos morrerem em guerras inúteis, como queriam os monarcas europeus do século XVIII.

Kant argumenta que a paz perpétua entre os povos será garantida pela aceitação crescente entre os Estados de três artigos definitivos da paz. O primeiro artigo requer que a Constituição civil do Estado seja republicana. Uma Constituição republicana significa uma sociedade política que combina autonomia moral, individualismo e ordem social. O segundo artigo diz que repúblicas liberais progressivamente estabelecerão a paz entre si por meio da criação de uma federação pacífica. A união pacífica estabelecerá a paz dentro de uma federação de Estados livres e manterá com segurança os direitos de cada Estado. Por fim, o terceiro artigo estabelece uma lei cosmopolita e universal que assegurará os direitos individuais e de todos os Estados da federação. O comércio internacional floresce sob a paz e aumenta a cooperação entre as repúblicas.

Kant trata da natureza das relações entre um tipo de Estado que ele chama de "Estado republicano" e suas consequências para as relações internacionais. As reflexões de Kant podem ser resumidas em três reivindicações: (i) estruturas de governança doméstica e culturas políticas domésticas têm um impacto na natureza das relações internacionais; (ii) a "união pacífica" entre Estados republicanos sustenta as liberdades individuais e valores morais comuns nas relações internacionais; (iii) o "espírito de comércio" é benéfico para as nações e causa interdependência, a qual, por sua vez, promove a paz. Esta última alegação é a precursora da noção de interdependência que vimos anteriormente.

O LIBERALISMO CLÁSSICO EM RI – WOODROW WILSON E NORMAN ANGELL

Nesta seção trataremos de dois ganhadores do prêmio Nobel da Paz. O presidente estadunidense e ex-professor de RI Thomas Woodrow Wilson (1856-1924), que ganhou o prêmio em 1919 por seus esforços para a criação da Liga das Nações; e o pensador inglês Norman Angell (1872-1967), que foi laureado em 1933 por ter escrito o livro *A grande ilusão* (1910). Esses autores representavam a essência do pensamento liberal e utópico que dominou parte da Europa no período pós-Primeira Guerra. Pensamento que, como vimos, foi amplamente criticado por Edward Carr.

Woodrow Wilson e os 14 pontos

A reputação do presidente Woodrow Wilson como internacionalista liberal está ligada à sua atuação no acordo de paz do final da Primeira Guerra Mundial, bem como seu papel no estabelecimento da Liga das Nações, cujo objetivo era promover a segurança coletiva e impedir guerra futuras. Sua visão está contida em 14 pontos, uma série de princípios e propostas que ele anunciou em um discurso em janeiro de 1918 e que mais tarde seria enunciado durante a Conferência de Paz de Paris, criadora da Liga das Nações e do Tratado de Versalhes.

O pensamento internacional de Woodrow Wilson teve enorme impacto político. Para ele, a Primeira Guerra Mundial "seria a guerra para acabar com todas as guerras" e, assim, um evento que "tornaria o mundo seguro para a democracia florescer". A fim de perseguir esse objetivo, Wilson argumenta que os EUA não eram um ator autointeressado, mas um dos defensores dos direitos de humanidade sem fins egoístas a servir. Para ele, os Estados Unidos não desejavam conquista ou o domínio. Wilson elaborou esses argumentos quando delineou o roteiro para a paz nos 14 pontos, os quais pediam "uma associação geral de nações" fundada sob o "princípio da justiça" para que "todos os povos e nacionalidades tenham assegurado o direito de viver em liberdade e segurança no seu relacionamento". Tais declarações geralmente associam Woodrow Wilson ao idealismo de Immanuel Kant, o qual defendia uma ordem universal dos povos.

Woodrow Wilson desenvolve princípios políticos realmente inovadores para a época, princípios esses que seriam corporificados na Liga das Nações e, mais tarde, na ONU. Dos 14 pontos pelo menos dois são importantes para a nossa discussão: os princípios da segurança coletiva e da autodeterminação dos povos. O princípio da segurança coletiva pressupõe um mundo onde os Estados não devem usar a força uns contra os outros, mas que caso um deles seja agredido os demais são obrigados a usar a força coletivamente para proteger aquele que sofreu a agressão. Esse princípio é a base do atual Conselho de Segurança da ONU. Segundo, a autodeterminação dos povos significa que cada povo tem o direito de se autogovernar e escolher sua forma de governo e regime político, princípio este que continua basilar na carta das Nações Unidas e decisivo na emancipação dos países africanos e asiáticos no século XX.

Em suma, Woodrow Wilson foi responsável por ter implementado uma visão liberal e utópica nas relações internacionais. Contudo, o seu passado racista foi camuflado e escondido pela historiografia. Sua importância para as RI não pode apagar seu apoio às leis de Jim Crow. Natural da Virgínia, estado onde vigoraram leis dessa natureza, Woodrow Wilson não esqueceu seu passado racista quando chegou à Presidência. Pelo contrário, trabalhou ativamente para que a segregação racial fosse implementada no governo federal, algo que foi parcialmente alcançado. Essa dualidade moral do líder americano levou, por exemplo, a Escola de Relações Internacionais da Universidade de Princeton, onde o presidente foi professor, a deixar de usar "Woodrow Wilson" como seu nome oficial em 2020.

Norman Angell e *A grande ilusão*

É difícil imaginar que alguém possa ganhar o Nobel da Paz porque escreveu um livro. Esse foi o caso do escritor e membro do Partido Trabalhista inglês Sir Norman Angell. Em 1910, ele publicou um livro chamado *A grande ilusão*, no qual argumentou que a interdependência econômica de Estados industrializados tinha se tornado tão intensa que a ideia de controle territorial, uma das causas da Primeira Guerra, era obsoleta como pré-requisito para riqueza econômica, fazendo com que a guerra fosse irracional. Entre os líderes europeus da época era recorrente a ideia de que a guerra levava ao crescimento e aumento da riqueza do país, o que se provou absolutamente equivocado após quatro anos de uma guerra altamente destrutiva.

De raro talento para autopropaganda, Angell disponibilizou a livre distribuição do livro a estadistas eminentes e outros jornalistas, ajudando a estabelecê-lo como um *best-seller*. Vendeu mais de 2 milhões de cópias antes do início da Grande Guerra e foi traduzido para 25 idiomas. Até deu origem a uma teoria do *Norman Angellism*, e seu sucesso permitiu-lhe dedicar o restante de sua vida para escrever, ensinar e organizar movimentos para promover políticas consistentes com sua visão do internacionalismo liberal.

Angell pode ser visto como um precursor dos trabalhos teóricos da escola liberal da "interdependência" que surgiram no final dos anos 1960 e que veremos adiante. O núcleo da análise argumenta que a característica central da modernidade depois de meados do século XIX – a interdependência econômica entre os Estados – é incompatível com a guerra e a busca de riqueza econômica. Para o autor, na era do mercantilismo, a expansão territorial através do colonialismo e da guerra contribuiu, de fato, para a riqueza econômica. A aquisição territorial permitiu aos Estados aumentar seus recursos, principalmente o ouro. No entanto, a transição para países altamente desenvolvidos e sociedades comerciais, acompanhados por um emergente mercado mundial e a crescente divisão do trabalho em escala universal, produziu uma situação que tornava a guerra inútil como meio de resolver conflitos de interesse material.

Dentro da tradição do pensamento liberal nas Relações Internacionais Angell defendia que o comércio e as trocas entre os países aumentavam a riqueza e tornavam a guerra inviável e altamente prejudicial. Atualmente, essa noção parece ser senso comum, mas frente aos debates prévios à Primeira Guerra Mundial, não era uma noção apenas minoritária, mas combatida por aqueles que defendiam a guerra.

O LIBERALISMO INSTITUCIONAL EM RI – ROBERT KEOHANE

A mais importante contribuição contemporânea para o pensamento liberal em Relações Internacionais vem de Robert Keohane (1941-), professor de Relações Internacionais em Princeton. Keohane cunhou a teoria institucionalista liberal ou neoliberalismo nas RI, foi ativista anticomunista nos anos 1960 e escolheu a carreira acadêmica interessado em repensar o papel dos EUA na Guerra Fria, terrivelmente afetados pela derrota no Vietnã. Ele também não se sentia confortável com o domínio realista na Academia americana de Relações Internacionais, teoria que influenciou a política americana fracassada no Sudeste Asiático, e tomou caminho do liberalismo para repensar as Relações Internacionais. Mas sua escolha foi diferente dos liberais do passado e defendia a necessidade de testar novas teorias com o mundo real e com funcionamento da ordem internacional. O liberalismo precisava aumentar a dose de empiria em suas análises para concorrer de igual para igual com o realismo dominante na academia.

Produzindo desde o início dos anos 1970, Keohane escreveu inúmeros livros, artigos e pelo menos três grandes obras, duas delas em parceria com Joseph Nye, professor de Política Internacional em Harvard, que mudaria o liberalismo em RI. Em 1972, Keohane editou com Nye o livro *Transnational Relations and World Politics*. Esse volume reuniu vários acadêmicos interessados na possibilidade de que "relações transnacionais" entre atores não estatais, como empresas multinacionais e ONGs, tinham se tornado, já nos anos 1970, algo imperativo das relações internacionais. O livro foi editado no contexto do fim da Guerra do Vietnã, da crescente importância das questões econômicas nos assuntos internacionais e da relevância que as instituições internacionais estavam ganhando na solução de problemas políticos.

Em 1977, publicou com Nye o clássico *Power and Interdependence: World Politics in Transition*, no qual discorre sobre as mudanças de fundo do sistema internacional dos anos 1980 e 1990, notadamente o fim da dicotomia "*high politics*" versus "*low politics*", oposição tão defendida por realistas, e a ascensão dos novos temas das relações internacionais (comércio internacional, meio ambiente e direitos humanos). Nesse livro, Keohane e Nye mostram que o tema da segurança internacional, tão em voga desde o fim da Segunda Guerra Mundial e arduamente defendido pelos realistas como o tema fundamental das relações internacionais, estava perdendo precedência para outras questões na agenda internacional. O livro é um desafio direto aos pressupostos centrais do realismo percebidos pelos autores. Além disso, é o primeiro livro do período que apresenta uma teoria sobre interdependência entre os atores internacionais e busca testá-la contra uma grande quantidade de dados empíricos. O argumento básico da obra é que, em um mundo de interdependência, o paradigma realista é limitado para entender a dinâmica das instituições internacionais, chamadas de regimes internacionais, e seu papel na solução de diversos problemas internacionais, de segurança até meio ambiente.

Para explicar sua proposta, Keohane e Nye começam construindo dois modelos teóricos: o realismo e o modelo da interdependência complexa. O realismo tem como base três suposições principais que discutimos no capítulo anterior: Estados unitários e racionais são os atores mais importantes das relações internacionais; a força material é um instrumento eficaz da política; existe uma hierarquia de questões na política mundial, sendo as questões militares e de segurança predominantes. Por outro lado, eles sugerem no modelo de interdependência complexa três novas premissas para entender o funcionamento das relações internacionais: (i) os Estados não são os únicos atores importantes das relações internacionais; (ii) não há hierarquia clara de questões; e (iii) o uso sistemático da força material é ineficaz para solucionar muitos problemas das relações internacionais.

Embora essa obra tenha sido relevante e amplamente debatida no período, Keohane não se sentiu satisfeito com as críticas recebidas e partiu para mais uma nova e complexa empreitada teórica. Em resposta ao livro *Teoria das Relações Internacionais* de Kenneth Waltz, lançado em 1979, Keohane publica o livro *After Hegemony: Cooperation and Discord in the World Political Economy* em 1984. A obra representa a principal e mais bem-sucedida tentativa de Keohane de criar uma teoria da interdependência complexa em oposição ao realismo de Waltz.

O híbrido teórico produzido nesse livro é hoje conhecido como "institucionalismo liberal" ou "neoliberalismo institucional". Keohane tenta determinar como o sistema internacional pode evoluir para configurações estáveis de cooperação apesar do declínio do poder estadunidense em relação ao Japão e à Europa observado nos anos 1980. O título do livro se refere ao que seria a ordem internacional depois da queda da hegemonia americana e como as instituições internacionais poderiam tomar o lugar da potência americana na coordenação dos esforços e soluções dos problemas internacionais. Nota-se, portanto, uma proposta teórica que afasta das grandes potências o papel de coordenadoras e solucionadoras de problemas, diminuindo a influência do poder material nas relações internacionais.

Muito influenciado pelos argumentos funcionalistas dos anos 1960 e 1970, de autores como David Mitrany e Ernst Haas, que tentam explicar a criação e o funcionamento de instituições internacionais de integração, como a Comunidade Europeia, Keohane propõe uma teoria da cooperação baseada na utilidade funcional dos "regimes" – princípios, regras, normas em torno das quais as expectativas e comportamento dos atores convergem em uma área específica das relações internacionais.

Para o autor, os Estados criam os regimes internacionais porque antecipam no presente os resultados positivos que os regimes eventualmente vão criar no futuro. Por exemplo, o regime ambiental que une diversos tratados que regulam as questões ambientais (Protocolo de Kyoto, Acordos de Paris etc.) faz com que os atores tenham suas expectativas e ações moldadas pelas regras que eles mesmos criaram e escreveram nos tratados. Os Estados se tornam membros desses tratados exatamente porque antecipam os resultados que os acordos podem gerar no futuro, nesse caso, a diminuição do aquecimento global. Mais especificamente, o Brasil se torna membro do Acordo de Paris porque acredita que a diminuição do aquecimento global será positiva para o país, antecipando assim os resultados que o acordo pode eventualmente gerar no futuro.

Porém, para criar essas instituições os atores precisam cooperar. Para Keohane, cooperação significa "ajuste mútuo de interesses" e não interesses em comum entre as partes. Os Estados querem solucionar os problemas políticos que aparecem em sua frente em temas como direitos humanos, comércio e finanças, pois sabem que não são capazes de resolver esses problemas sozinhos. A cooperação é resultado, portanto, de ajustes mútuos de interesses entre Estados em um ambiente conflitivo. Assim, quando os interesses convergem por ajustes mútuos entre as partes, a cooperação acaba por aumentar a interdependência entre os atores na medida em que concessões e demandas são feitas, sem as quais acordos e ajustes de interesse não teriam validade. Um ator se torna interdependente das decisões, concessões e demandas do outro. Essa interdependência facilita a criação e manutenção dos regimes internacionais a despeito do fim da hegemonia da potência dominante. Ou seja, os atores entendem que a única forma de manter os acordos feitos por ajustes mútuos de interesses é criar e formalizar um corpo de regras que estipula que tipos de comportamentos eles terão daqui para a frente e que fiscalizarão suas atitudes. Por isso, as instituições internacionais mudam os comportamentos dos atores estatais e não estatais nas relações internacionais. As regras ali estipuladas prescrevem que o Brasil não pode mais queimar florestas porque isso gera aquecimento global. Logo, o país aprova uma nova lei doméstica proibindo e penalizando as queimadas na Amazônia.

Podemos notar, contudo, que a teoria liberal institucionalista de Robert Keohane é relativamente próxima do realismo. Na verdade, ambas possuem a mesma epistemologia. Keohane acredita que (i) os Estados se comportam de maneira racional, no sentido de que pensam suas situações estratégias tendo em vista seu ambiente procurando maximizar os ganhos esperados; (ii) os Estados perseguem seus interesses (o que inclui fundamentalmente a sobrevivência) em vez de se comportarem altruisticamente; (iii) os Estados operam em um mundo de anarquia, sem a existência de um governo comum. Não há diferença entre Keohane e Waltz nesses aspectos.

A diferença reside na forma como os Estados agem nesse sistema anárquico, ou seja, na ontologia de análise. Enquanto realistas depositam sua confiança na capacidade material das grandes potências, Keohane olha para as instituições internacionais como ambiente onde os Estados e outros atores agem para resolver os problemas.

Ele desenvolve cinco razões pelas quais os Estados optam pela criação de instituições internacionais quando se dão conta de que não podem resolver o problema político sozinhos e que precisam cooperar para achar soluções. *Primeiro*, os regimes internacionais reduzem os custos de fazer, monitorar e implementar regras – custos de transação. Eles provêm informações e facilitam a construção de comprometimentos críveis entre as partes. Ou seja, é muito difícil um país sozinho saber se o outro queima suas florestas. Ele precisa que alguém faça o monitoramento das atividades de todos os países-membros do regime. Os Acordos de Paris e seus agentes fazem esse monitoramento para todos os Estados-membros, diminuindo seu custo de buscar tais informações.

Segundo, os regimes facilitam o ganho ou perda de reputação. Como os regimes tendem a durar muito tempo, um ator que nunca cumpre sua palavra gera um problema reputacional, fazendo com que os demais questionem seu comportamento. Se o Brasil assume um compromisso de redução das queimadas e não cumpre, gera um problema de reputação para o governo brasileiro. O regime monitora esses comportamentos e informa os demais.

Terceiro, os regimes reduzem a incerteza entre as partes sobre o real interesse de cada Estado na questão a ser resolvida. Isto é, os Estados estão sempre incertos quanto às intenções dos demais. As instituições internacionais podem reduzir essas incertezas por meio de negociações que incentivem a transparência, a constância, a reputação e a concordância dos acordos firmados. A França não confia nos dados brasileiros sobre as queimadas, acreditando que o governo brasileiro os manipula para camuflar a destruição. O regime exige que o Brasil seja mais transparente, e se não o for será punido. O Brasil muda de posição e aumenta a transparência dos dados sobre as queimadas.

Quarto, os regimes melhoram o ambiente informacional entre as partes. Os países-membros se encontram com periodicidade para as reuniões do regime. Fazem relatórios sobre suas atividades e compartilham com os demais. Os funcionários do regime também ajudam no fornecimento de informações para os Estados. Seria muito difícil o Acordo de Paris nascer sem a enorme quantidade de informações de qualidade feita pelo IPCC (Painel Intergovernamental sobre Mudanças Climáticas), uma organização técnica formada dentro da ONU para prover aos países-membros informações críveis sobre o aquecimento global.

Quinto, as instituições internacionais geram um equilíbrio de ganhos favoráveis entre as partes. Como afirmamos anteriormente, os Estados criam e mantêm as instituições internacionais porque acreditam que ganharão com o seu funcionamento. Os ganhos podem ser políticos ou concretos. No caso dos Acordos de Paris sobre o clima, os países-membros ganham politicamente ao desenharem um acordo que trata de um problema para o qual não possuem meios de resolver sozinhos, e ganham também concretamente, porque, uma vez membros do Acordo, diminuem a produção dos gases que geram o aquecimento.

Este último ponto nos leva ao conceito de ganhos absolutos, discutido no início deste capítulo. Alguns acadêmicos insistem que, na verdade, a grande diferença entre realistas e liberais não reside na oposição ou apoio às instituições internacionais, mas sim na distinção entre ganhos relativos e ganhos absolutos. Enquanto para os realistas o mundo é marcado pelos ganhos relativos, onde o ganho político ou econômico de um ator significa uma perda para os demais, os liberais acreditam nos ganhos absolutos, onde o ganho de um ator (aumento do seu arsenal militar ou crescimento econômico elevado) não significa necessariamente uma perda para os demais. Desse modo, há uma diferença importante entre realistas e liberais sobre a percepção de ganhos e suas consequências para as relações internacionais.

Assim, a percepção dos liberais de que os Estados e demais atores operam em um mundo de ganhos absolutos é fundamental para que a cooperação possa ocorrer. Um ator só pode cooperar com outro se percebe o mundo internacional como um ambiente onde os ganhos políticos e econômicos são sempre crescentes e passíveis de ser compartilhados. Ganhos relativos dificultam a cooperação porque se parte da premissa de que os ganhos são escassos e não compartilháveis. Os liberais diriam que o ganho maior dos Acordos de Paris seria a diminuição do aquecimento global e que, se o aquecimento diminui mais na China (um ganho político e econômico para os chineses), isso não significa que o Brasil perdeu. Pelo contrário, o Brasil também ganha na medida em que o ganho chinês é, na verdade, benéfico para todos.

Como pudemos observar, a teoria institucionalista liberal de Keohane tem seu foco principal em como as instituições internacionais são criadas e quais são seus efeitos sobre o comportamento dos Estados e demais atores da ordem internacional. Desde a publicação do livro *After Hegemony*, Keohane continuou a desenvolver seu programa liberal de pesquisa, aplicando-o à análise de tomada de decisões em diversos regimes internacionais, como União Europeia, finanças e regimes ambientais. Seguindo a tradição liberal de pensar o papel das instituições domésticas na política externa, o autor vem estudando os fatores políticos domésticos que explicam a variação no comportamento entre Estados na formação e manutenção dos regimes internacionais.

A contribuição de Keohane para as Relações Internacionais gerou nos EUA o famoso debate paradigmático *"neo-neo"* – o neorrealismo de Waltz *versus* o neoliberalismo de Keohane. Em livro publicado em 1986, *Neorealism and its Critics*, Keohane e Waltz debatem as limitações e os ganhos de ambas as teorias e como elas ajudam a entender as relações internacionais de maneira complementar. Esse debate entre paradigmas, embora muito presente na academia americana, é limitador no que diz respeito à pluralidade teórica existente na área já nos anos 1970 e 1980. Como veremos nos capítulos seguintes sobre o marxismo e a Escola Inglesa, as teorias de RI produziram nessa época outras abordagens inovadoras e relevantes, mas que foram pouco tratadas nas escolas mais tradicionais de RI dos EUA.

Marxismo

O pensamento marxista sobre relações internacionais antecede o estabelecimento formal da disciplina como um campo de estudo institucionalizado. Por outro lado, a integração do marxismo ao cânone ocidental das Relações Internacionais é tardia. Em certa medida, esse atraso está ligado à disputa política da Guerra Fria que afetava os departamentos de Relações Internacionais nas universidades, principalmente nos EUA e Europa Ocidental. Como a área de RI como disciplina esteve por muito tempo vinculada aos estudos sobre o papel dos EUA no pós-Segunda Guerra e a contenção da União Soviética, como pudemos observar com o realismo e liberalismo, o pensamento marxista, muito associado ao comunismo real, foi deixado de lado ou restrito a uns poucos professores nos departamentos de RI dos EUA e Europa. Isso mudou a partir dos anos 1970 com a ampliação dos debates teóricos na disciplina e com a divulgação da produção intelectual de qualidade que marxistas vinham desenvolvendo acerca de temas centrais das Relações Internacionais desde fins dos anos de 1920, tais como o caráter do sistema imperial e sua influência sobre as guerras.

Os marxistas têm como foco a explicação do modo de produção capitalista verdadeiramente global e cujo centro analítico é a apropriação dos recursos por uma classe social específica – a burguesia – em detrimento de outra – a operária. Isto é, o centro da análise marxista para as Relações Internacionais é explicar como a luta de classes entre trabalhadores e burgueses (empresários na linguagem liberal) se expressa na luta entre nações e nas guerras imperiais.

O foco de Karl Marx (1818-1883) estava na manifestação dessa luta de classes e nos processos de dominação dentro do âmbito doméstico dos Estados, porém sempre com uma perspectiva internacional sobre a evolução do capitalismo como um sistema global. Nesse sentido, Marx tinha clareza quanto ao papel internacional da burguesia e as dificuldades dos trabalhadores de agirem internacionalmente. Para ele, a mobilidade do capital permitia à burguesia "estabelecer-se em qualquer lugar, criar vínculos em qualquer lugar", como afirmou no *Manifesto comunista*. Ou seja, a burguesia é uma classe verdadeiramente internacional e sem pátria.

Mas é a partir dos trabalhos de Vladimir Lênin, em especial o livro *Imperialismo: fase superior do capitalismo* (1917), que o tema central da abordagem marxista das Relações Internacionais toma corpo. É Lênin que potencializa o conceito de imperialismo para se pensar o sistema internacional, chave da análise marxista. Embora o conceito tenha sido amplamente discutido por autores como John A. Hobson – *Imperialism: a Study* (1902) –, é com Lênin que o conceito alcança proeminência intelectual e política global.

Assim, para dar conta da visão marxista das Relações Internacionais dividimos este capítulo em cinco seções. Primeiro, abordaremos as premissas fundamentais do marxismo. Segundo, discutiremos alguns conceitos da teoria. Terceiro, analisaremos as origens do pensamento marxista em RI com os escritos de Vladimir Lênin e Antonio Gramsci. Quarto, analisaremos o marxismo estrutural de Immanuel Wallerstein. Em seguida, discutiremos a teoria crítica de Robert Cox.

AS PREMISSAS DO MARXISMO EM RI

É importante salientarmos que, ao contrário do realismo, da Escola Inglesa e do construtivismo, o marxismo não é uma escola unificada. O próprio Marx dizia que não era marxista. Como dissemos, o marxismo em RI é uma construção posterior à consolidação da disciplina de RI. Assim, as premissas marxistas aplicadas às Relações Internacionais têm como origem autores e pensadores que nunca trataram as Relações Internacionais como algo distinto da História, Economia ou Sociologia. Na verdade, dos clássicos contemporâneos de inspiração marxista que vamos discutir neste capítulo, apenas Robert Cox foi um professor de RI interessado em discutir temas tradicionais da área a partir de conceitos e premissas marxistas. Mesmo Immanuel Wallerstein, o mais importante marxista estruturalista em RI, nunca foi professor de Relações Internacionais, mas de História. É a área de RI que, em retrospecto, olha para a tradição marxista e tenta construir uma forma de pensar marxista de RI a partir das premissas e conceitos marxistas tradicionais.

Podemos afirmar que os marxistas comungam de quatro premissas básicas relacionadas ao estudo das Relações Internacionais, embora haja muita discordância entre eles sobre o sentido de algumas delas e do que seria um pensamento propriamente marxista em RI. Vamos discorrer sobre essas quatro premissas para orientar a discussão posterior de autores como Vladmir Lênin, Antonio Gramsci, Immanuel Wallerstein e Robert Cox. É importante notarmos que, embora o marxismo seja considerado uma teoria explicativa, muitos aspectos das teorias críticas ou interpretativas são antecipados por autores marxistas, como Robert Cox. A epistemologia do marxismo em RI não vai se resumir aos modelos explicativos, mas também incorpora os aspectos críticos.

Primeiro, a história da produção materialista capitalista define o sistema internacional. Os marxistas dão importância à análise histórica a fim de compreender como funciona o capitalismo e o sistema internacional. Isso tem a ver com o método marxista do materialismo histórico. Em seus diversos escritos, Marx esboçou o que ficou conhecido como sua teoria do materialismo histórico, uma abordagem ao estudo da história que se concentra na produção econômica de uma sociedade como a chave para entender a natureza, o desenvolvimento e a trajetória daquela sociedade como um todo.

De acordo com interpretações ortodoxas do materialismo histórico, o modo de produção econômica de uma sociedade molda o caráter das instituições políticas e jurídicas, a moralidade e as ideias predominantes daquele grupo social. A produção econômica, nessa leitura de Marx, é base a partir da qual as sociedades são construídas, e mudanças na maneira como uma sociedade produz economicamente alteram a natureza dessa sociedade. Por exemplo, a alteração da mão de obra e ferramentas simples como meio de produção para o uso de máquinas a vapor permitiu que certas sociedades transitassem do feudalismo para o capitalismo. Por sua vez, houve uma mudança correlata nas instituições políticas, nas religiões e na moral durante essa transição. O direito divino do poder dos reis foi derrubado e todas as ideias do liberalismo clássico, tais como liberdade de consciência e liberdade de contrato, acabaram por dominar a sociedade feudal dando lugar ao surgimento do capitalismo. Assim, o materialismo histórico coloca a História da produção capitalista como método central para a compreensão do caráter do sistema internacional das RI.

Segundo, a luta de classes atinge um nível global dentro do sistema capitalista. Para Marx e Engels, o comunismo não é apenas uma formação social, mas um movimento que levará os Estados capitalistas a transitarem para o comunismo real. O movimento comunista inclui fatores objetivos, tais como forças produtivas e crises, mas também fatores subjetivos. A luta da classe trabalhadora e as transformações radicais do capitalismo não ocorrem automaticamente como resultado de crises, mas apenas quando a classe trabalhadora compreender a necessidade de transformações e se organizar coletivamente para tal, daí seu aspecto subjetivo. A luta de classes exige, portanto, o surgimento da consciência de classe nas massas trabalhadoras por meio da contemplação da sua situação concreta dentro do sistema capitalista. Assim, somente a ação coletiva dos grupos oprimidos – a práxis – pode abolir uma sociedade de classes. Na obra *Manifesto Comunista*, de 1848, Karl Marx e Frederick Engels (1820-1895) dizem que "a história de toda a sociedade até então existente é a história da luta de classes".

Mais especificamente, para Marx a luta de classes gera uma dinâmica de universalização progressiva do capitalismo, entendida como uma relação contraditória e conflituosa entre trabalhadores assalariados e capitalistas. Isso levaria a uma série de transformações em sociedades não capitalistas cujo resultado cumulativo seria a criação de um mercado mundial capitalista onde todos os povos e nações seriam dominados pela forma de produção capitalista. Embora essa perspectiva mantenha o papel dos Estados apenas como garantidores de sociedades que se dividem em classes exploradoras e exploradas, a intensificação da luta de classes atingiria uma escala global que culminaria, eventualmente, em guerras imperiais entre Estados capitalistas. Os Estados seriam levados à guerra por conta da intensificação da luta de classes.

Como veremos adiante, inspirados por Vladimir Lênin, essa luta de classes como motor da história e que possui alcance global assumiu uma nova forma baseada no conflito entre Estados nacionais, classificados como Estados "opressores" e "oprimidos". Os Estados acabam por assumir a "consciência de classe", principalmente os "oprimidos", na luta anti-imperialista. Para que a política externa de um Estado seja coerente com seu caráter de classe, é preciso concebê-la como instrumento de dominação e de projeção externa daquela classe de Estados sobre outra, ou seja, de um Estado dominador central sobre outro periférico e dominado. Como veremos, essa discussão está presente não apenas em Lênin, mas também em Immanuel Wallerstein e nos estudos sobre o imperialismo.

Terceiro, os marxistas dão pouca autonomia à ação estatal. O Estado é visto como instrumento de ação da classe burguesa, ao contrário do realismo para o qual a ação do Estado nacional autônomo é o centro da análise. Como é sabido, Marx não desenvolveu propriamente uma teoria marxiana do Estado, muito embora todos os marxistas posteriores interessados em relações internacionais invariavelmente tiveram que analisar as ações estatais para entender conceitos como imperialismo e guerra imperial. No entanto, ainda que a noção marxiana de Estado tenha sido pouco desenvolvida, ela é fundamental para que os autores marxistas subsequentes possam desenvolver uma verdadeira teoria de Estado marxista.

No *Manifesto comunista*, Karl Marx e Frederick Engels definem o Estado como o poder político organizado da classe burguesa que oprime a classe operária. A função primordial do Estado é assegurar o funcionamento do sistema capitalista e a acumulação da classe burguesa. Nesse sentido, o Estado é controlado pela classe burguesa para assegurar, por meio do direito e da força, os recursos econômicos da sua dominação pela exploração. Mais tarde, na obra *O 18 Brumário de Luís Bonaparte* (1852), Marx avança na concepção do Estado como uma entidade parcialmente autônoma em relação à burguesia e que, algumas vezes, entra em conflito com essa classe, mas que não coloca em xeque o funcionamento do sistema capitalista. Como veremos adiante, essa noção marxiana de Estado é central para que autores como Vladmir Lênin e Immanuel Wallerstein desenvolvam noções e conceitos mais apurados para pensar o Estado nas relações internacionais.

Quarto, os marxistas são mais propensos a considerar a ligação entre os planos nacional e internacional do que os realistas. Para os marxistas a divisão entre "alta política" e "baixa política" não faz o menor sentido devido à própria ênfase nos fatores econômicos elaborada por Marx, algo tido pelos realistas como "baixa política". Na verdade, como observamos com o materialismo histórico, a preponderância do modo de produção capitalista e suas contradições de classe são vistas pelos marxistas como os geradores das guerras internacionais. Assim, as disputas entre os Estados refletiriam as disputas entre classes sociais em âmbito global e não apenas os interesses dos Estados vistos como atores autônomos.

O quadro que segue mostra resumidamente as quatro premissas do marxismo para RI:

Materialismo histórico A história da produção econômica capitalista define a composição do sistema internacional contemporâneo		
A luta de classes atinge uma amplitude global e os Estados assumem papéis de "dominador" e "dominado"	O tema fundamental das RI é a produção econômica – rejeição à dicotomia "alta política" e "baixa política"	Os Estados não são unitários e as classes sociais importam

CONCEITOS CENTRAIS DO MARXISMO EM RI

Conhecer alguns conceitos marxistas é fundamental para entender propostas teóricas de autores de inspiração marxista como Immanuel Wallerstein ou Robert Cox. Nesta seção, analisaremos três deles: dialética, mais-valia e ideologia. O objetivo não é fazer uma discussão exaustiva dos conceitos, mas discutir alguns pontos básicos de cada um deles para que possamos entender sua importância para o debate marxista nas Relações Internacionais.

Primeiro, Marx usa a dialética como método de análise para entender a sociedade capitalista. O método dialético estuda como as contradições entre duas dimensões da mesma realidade funcionam entre si. Estuda como dois fenômenos são idênticos e diferentes ao mesmo tempo, como se excluem e dependem um do outro, e como essas contradições resultam em crises e lutas. A dialética marxiana presta atenção nas condições materiais reais que definem e influenciam as classes sociais. Para Marx, a dialética do capitalismo reside na oposição entre uma classe capitalista, de um lado, que possui capital e os meios de produção e, de outro, uma classe trabalhadora que não possui os meios de produção e tem apenas o seu esforço para ofertar. A classe trabalhadora é compelida a trabalhar para a classe capitalista e a produzir bens que esta última possui. Porém, se os trabalhadores não produzirem, a burguesia morrerá de fome. O antagonismo reside exatamente entre a riqueza da classe dominante e pobreza da classe explorada. Ambas são dependentes entre si e estão em constante luta. Como veremos adiante com Immanuel Wallerstein, o método dialético ajuda a entender como Estados centrais (desenvolvidos) e Estados periféricos (pobres ou em desenvolvimento) são mutuamente dependentes, porém permanecem em constante conflito.

Segundo, para Marx mais-valia significa a diferença entre o valor final da mercadoria produzida e a soma do valor dos meios de produção e do valor-trabalho. É a base do lucro do sistema capitalista. Como afirmado na obra *O Capital* (1867), a produção capitalista é fruto de uma relação dialética entre a produção de uma mercadoria e seu valor, ou seja, "uma relação composta pelo trabalho e pelo processo de criação de valor". O capitalista tem como objetivo principal produzir uma mercadoria com o maior valor agregado possível frente à soma dos valores dos insumos para produzi-la, principalmente o custo dos trabalhadores (salários). A diferença entre os dois é a mais-valia. Quanto maior a mais-valia, maior o lucro do capitalista. Mas capital e lucro não provêm da atividade direta dos capitalistas, e sim da parte não remunerada do trabalho dos operários. Quanto menor o custo-trabalho, maior a mais-valia. Como veremos adiante em Wallerstein, o decrescente ganho pelos capitalistas é fundamental para que certos tipos de produção capitalista migrem de países ricos para países semiperiféricos, pois o capital precisa achar condições em que os custos de produção sejam os mais baixos possíveis. Essa transferência massiva de capital pode transformar o país semiperiférico em país central.

Terceiro, Marx deu um significado particular à noção de ideologia. Juntamente com Friedrich Engels, escreveu um longo manuscrito intitulado *A ideologia alemã* (1845/46). Nessa obra, a ideologia é vista como uma forma de consciência humana definida pela materialidade. Ela não é imaterial e restrita ao campo das ideias, mas emerge de processos materiais, os quais por sua vez ocorrem em sociedades estratificadas por classes. Desse modo, a ideologia é um reflexo de estruturas de dominação e exploração de uma classe pela outra. Ela carrega um claro objetivo da classe burguesa em iludir e distorcer a realidade percebida pela classe trabalhadora. A ideologia funciona, portanto, como uma câmara escura que inverte a realidade e faz com que algo ilusório e inventado seja percebido como real. Nesse contexto, a classe dominante tenta vender sua consciência para as demais classes como a única visão verdadeira do mundo segundo a qual a política deve operar e a sociedade deve ser organizada. A ideologia da burguesia mascara a realidade e não permite aos trabalhadores observarem a dominação a que estão submetidos. Como veremos, esse conceito de ideologia será importante para entendermos o conceito de hegemonia desenvolvido por Antonio Gramsci, algo fundamental em RI.

No quadro a seguir resumimos os principais pontos dos três conceitos:

Dialética	Mais-valia	Ideologia
O método dialético estuda as contradições geradas por classes sociais em conflito	A mais-valia é a diferença entre o custo de produzir uma mercadoria e uma mercadoria e seu valor de mercado	A ideologia é um reflexo de estruturas de dominação e exploração de uma classe pela outra

AS ORIGENS DO MARXISMO EM RI – VLADIMIR LÊNIN E ANTONIO GRAMSCI

Nesta seção tratamos de dois pensadores políticos que foram centrais para a construção do pensamento marxista em Relações Internacionais – Vladimir Lênin (1870-1924) e Antonio Gramsci (1891-1937). A obra de Vladimir Lênin, notadamente os textos *O que fazer? – As questões palpitantes do nosso movimento* (1902) e *Imperialismo: fase superior do capitalismo* (1917), foram fonte de inspiração para a Revolução de Outubro de 1917 na Rússia, revelando seu enorme impacto não apenas intelectual, mas sobretudo político. A produção intelectual de Lênin gerou também um tipo de doutrina marxista chamada de marxismo-leninismo, centrada na análise dos meios necessários para a consecução e estabelecimento de uma sociedade comunista. Essa doutrina se tornou política oficial da União Soviética.

O filósofo italiano Antonio Gramsci escreveu um conjunto de cadernos durante seu período na prisão entre os anos de 1926 e 1935 na Itália fascista de Mussolini. Esses cadernos foram compilados no livro *Cadernos do cárcere* que teve enorme influência política e teórica desde sua publicação. Gramsci se inspirou em inúmeras fontes e não apenas em Marx. Foram importantes também pensadores como Nicolau Maquiavel, Vilfredo Pareto, Georges Sorel e Benedetto Croce. Seus cadernos cobrem uma ampla gama de tópicos, incluindo história e nacionalismo italiano, Revolução Francesa, fascismo, sociedade civil, folclore, religião e cultura popular.

É importante frisar que as obras de Lênin e Gramsci não são acadêmicas no sentido tradicional do termo, mas sim ensaios de cunho político-filosófico que exigem dos leitores tanto a reflexão como a tomada de ação sobre a realidade. Da mesma forma que Edward Carr e Norman Angell escreveram obras que tratavam dos debates políticos de sua época e propunham formas de ação política, os textos de Lênin e Gramsci mostram uma preocupação em como construir uma sociedade socialista através da discussão sobre os meios necessários e disponíveis para se atingir esse objetivo. Gramsci chamava o próprio marxismo de uma "filosofia da práxis", ou seja, uma filosofia da prática política.

Lênin e imperialismo: fase superior do capitalismo

Vladimir Ilyich Ulianov, mais conhecido pelo pseudônimo Lênin, foi um dos responsáveis pela criação do Partido Comunista na Rússia, ao lado de Leon Trotsky, Joseph Stalin e outros. Em meio à derrota russa na Primeira Guerra Mundial, Lênin liderou a Revolução de Outubro de 1917, na qual os bolcheviques tomaram o poder em Moscou e acabaram com séculos de monarquia russa. Lênin continuou a governar até sua morte, em 1924. Escreveu diversas obras políticas, dentre elas cabe destacar *O que fazer? – As questões palpitantes do nosso movimento* (1902), *Duas táticas da social-democracia na revolução democrática* (1905) e *Imperialismo: fase superior do capitalismo* (1917).

A obra *Imperialismo: fase superior do capitalismo*, publicada em 1917, se tornou um clássico e leitura obrigatória em RI. Inspirado pelas ideias do economista John Hobson sobre imperialismo, Lênin sustenta que a Primeira Guerra Mundial oferecia uma oportunidade para a classe trabalhadora se revoltar contra o capitalismo e contra as reformas que impediam mudanças radicais nos Estados capitalistas. A guerra entre impérios (britânico, francês, alemão etc.) representava a fase terminal do sistema capitalista.

Para Lênin, o capitalismo passava por duas mudanças importantes no final do século XIX. Primeiro, havia uma inexorável tendência à concentração e "cartelização" do processo de industrialização nas economias capitalistas. Ou seja, os capitalistas lentamente construíam verdadeiros monopólios para seus produtos em seus mercados domésticos, eliminando a concorrência. O capitalismo não era mais caracterizado pela competição entre pequenas empresas, mas sim por um sistema dominado por grandes corporações que desfrutavam do monopólio e do controle de seus mercados domésticos. No entanto, a ampliação dos mercados em nível global com a expansão dos impérios por todo o planeta exigia dos industriais uma quantidade crescente de capital para manter sua tecnologia em vantagem em relação aos demais competidores. Para acompanhar essa tendência, os industriais tinham que aumentar a escala de produção e reduzir os custos para se manterem competitivos, o que implicaria aumento da mais-valia e exploração crescente dos operários.

Segundo, Lênin também argumenta que, além do crescente capital industrial, o capitalismo do final do século XIX viu um enorme aumento do capital financeiro, representado pela crescente sofisticação bancária. Os bancos emprestariam capital aos industriais, que, por sua vez, investiriam esses recursos nas colônias e outros países mais pobres com o intuito de aumentar suas margens de lucro usando mão de obra e matérias-primas mais baratas. Lênin antevia, portanto, a financeirização da atividade produtiva e a mútua dependência ou simbiose crescente entre industriais e banqueiros.

Assim, acreditava que o imperialismo era produto da combinação de duas mudanças na natureza do capitalismo. Enquanto a monopolização de mercados estava substituindo a concorrência no nível doméstico, no nível internacional ocorria um movimento oposto, ou seja, os monopólios entravam em concorrência feroz entre si. Se dentro dos Estados capitalistas os salários dos trabalhadores aumentavam e, consequentemente, diminuíam as margens de lucro dos capitalistas, estes mesmos capitalistas se viam obrigados a investir no exterior em implacável busca por mão de obra e matérias-primas baratas, além de novos mercados e oportunidades de investimento para o excesso de capital.

Esse era o ponto de virada do sistema capitalista para Lênin. A competição contínua entre empresas e bancos internacionalmente resultaria, inevitavelmente, na guerra entre Estados capitalistas para assegurar a sobrevivência de seus monopólios. A lógica da expansão capitalista dentro do sistema imperial levaria a uma guerra entre impérios na qual os Estados capitalistas combateriam entre si para assegurar ao máximo a posse das colônias e a possibilidade de extração de mais-valia crescente. A Primeira Guerra Mundial era, portanto, uma expressão da guerra entre impérios coloniais capitalistas que respondiam à lógica de acumulação monopolizada e financeirizada dos industriais e banqueiros.

No quadro que segue resumimos os estágios de consolidação dos monopólios segundo Lênin:

1. A concentração da produção e do capital cria monopólios e os Estados respondem aos interesses da classe industrial monopolizada.

2. A fusão do capitalismo financeiro com o capital industrial abre espaço para a criação da "oligarquia financeira".

3. A exportação de capital para as colônias e outros países se torna uma forma distinta e mais poderosa que a própria exportação de mercadorias.

4. Ocorre a formação de diversos monopólios, que dividem a produção capitalista global.

5. A divisão territorial do mundo entre os monopólios se concretiza e a guerra imperial tem início.

Podemos notar que Lênin busca dar sentido ao papel do Estado no plano internacional. O Estado acaba por transformar a competição nacional entre classes em uma competição político-militar entre Estados dentro do contexto da luta intraimperial. O imperialismo representa, portanto, o estágio mais alto do capitalismo, bem como sua fase terminal.

Por fim, enquanto para Marx a geopolítica não tinha importância, para Lênin as contradições entre os países capitalistas no seu processo de expansão imperialista são determinantes para o início do processo revolucionário que levaria à queda do próprio capitalismo. Assim, a mais importante inovação introduzida por Lênin na análise marxista das RI foi a consideração de que Estados nacionais são atores do sistema internacional ao lado das classes sociais. A novidade de Lênin está no fato de que a luta de classes no plano internacional, agora protagonizada pelo Estado-nação, assume uma importância determinante para o processo revolucionário, superior inclusive ao conflito entre classes no âmbito nacional previsto por Marx.

Antonio Gramsci e os *Cadernos do cárcere*

O marxista italiano Antonio Gramsci se distanciou de linhas ortodoxas do marxismo-leninismo e desenvolveu uma análise marxista na qual o método do materialismo histórico levava em consideração não apenas os aspectos estruturais e materiais, mas sobretudo o papel das ideias e sua relação com os aspectos produtivos da ordem capitalista. Gramsci inovou em um conceito que se tornou importante para as Relações Internacionais: hegemonia.

Para desenvolver o conceito de hegemonia, retirou de Maquiavel a imagem do poder hegemônico como um centauro: metade homem, metade animal, uma combinação necessária de consentimento e coerção. O consentimento é algo consensual e construído no nível das ideias e, na medida em que esse aspecto do poder hegemônico está na vanguarda, a hegemonia prevalece mais facilmente. A sociedade civil e os Estado burgueses constroem um bloco histórico hegemônico que inculca na cabeça das pessoas as formas de pensar da burguesia. A coerção é sempre latente e raramente utilizada, sendo restrita a casos marginais e àqueles poucos grupos que ousam questionar a ordem burguesa. No entanto, a dupla face da hegemonia sempre está presente: o consenso e a força. A hegemonia estabelecida por um bloco histórico é suficiente para garantir a conformidade de comportamento na maioria das pessoas na maioria das vezes.

Essa percepção da hegemonia levou Gramsci a ampliar sua definição do Estado. A noção de Estado deveria incluir os fundamentos da estrutura política da sociedade civil que serve à classe hegemônica. Gramsci pensa nesses elementos em termos históricos concretos – a Igreja, o sistema educacional, a imprensa e todas as instituições que ajudaram a criar nas pessoas certos modos de comportamento e expectativas consistentes com a ordem social hegemônica da burguesia.

A estratégia da esquerda em países onde a hegemonia burguesa perpassava todas essas dimensões sociais não poderia ser uma guerra de vanguarda (guerra de movimento) como aquela vista na Rússia dos bolcheviques, mas sim uma guerra de posição. Ou seja, uma estratégia que formaria lentamente uma coalizão de forças sociais de um novo Estado socialista junto à sociedade civil e suas instituições (educação, cultura e Igreja). A luta teria que ser vencida na sociedade civil antes de ocorrer um ataque fulminante sobre o controle do Estado. Um ataque prematuro por uma guerra de movimento nos moldes russo só revelaria a fraqueza da oposição e levaria a uma reimposição do domínio burguês, com as instituições da sociedade civil reafirmando seu controle. Primeiro seria preciso conquistar corações e mentes por meio das escolas e peças culturais socialistas para só então agir sobre o Estado.

O conceito de hegemonia vai se tornar importante para o pensamento marxista-gramsciano em Relações Internacionais porque amplia o debate sobre ascensão e queda dos regimes hegemônicos globais. Quando determinado Estado hegemônico não consegue criar o consenso em torno de suas ideias e regras e precisa usar a força frequentemente para impor a ordem, na verdade, sua hegemonia estará em declínio.

O MARXISMO ESTRUTURAL EM RI – IMMANUEL WALLERSTEIN

O historiador e sociólogo Immanuel Wallerstein (1930-2019), professor da Universidade de Yale, ficou conhecido pela sua teoria marxista chamada de "sistema-mundo". Influenciado pelas ideias do historiador francês Fernand Braudel, pela escola francesa de História chamada de Escola de

Annales e pela tradição da teoria da dependência da América Latina (esta teoria será explicada no capítulo "Pós-colonialismo e teorias não ocidentais"), Wallerstein escreveu a obra pioneira *The Modern World System*, publicada em três volumes nos anos de 1974, 1980 e 1989.

Em uma vasta e profunda análise que cobre quatro séculos de desenvolvimento do capitalismo, o autor tinha como objetivo fornecer uma teoria unificada que interpreta e explica a história do sistema capitalista mundial desde o século XVI. A unidade central de análise é o conceito de *economia-mundo* que engloba toda a economia mundial capitalista, seu passado, presente e futuro. O conceito assume que existe uma economia-mundo onde quer que haja uma extensa e completa divisão do trabalho integrada a um processo de produção econômica de nível global.

Wallerstein divide a economia-mundo capitalista em três campos: centro, periferia e semiperiferia. Os países estão distribuídos nesses campos conforme o tipo de produção econômica que se concentra em seu território. Por exemplo, países capitalistas centrais (EUA, Reino Unido, França etc.) concentram trabalhos de tipo-centro, ou seja, de alta tecnologia e salários mais altos. Já países semiperiféricos (Brasil, Índia, Indonésia etc.) possuem uma mistura de setores com trabalho tipo-centro e trabalhos tipo-periferia de baixo valor tecnológico (agricultura, mineração, extrativismo etc.). Por fim, em países periféricos (Bolívia, Etiópia, Laos etc.) se concentram atividades puramente periféricas e que sofrem com baixa tecnologia e baixo valor agregado nas exportações.

Ele chama de relação centro/periferia a troca dos produtos que contêm valor desigual de trabalho social aplicado. Ou seja, o centro rico do capitalismo (EUA, Europa, Japão etc.) concentra recursos extraídos da periferia por meio da troca desigual de produtos e serviços. Os países mais pobres exportam produtos baratos e compram produtos e serviços caros do centro. Assim, a estrutura da economia-mundo produz uma troca desigual de bens e serviços de tal forma que boa parte do superávit extraído nas zonas periféricas é transferida para o centro.

A economia-mundo capitalista opera, portanto, por meio da relação social capital/trabalho na qual o superávit gerado pelos trabalhadores é apropriado pelos proprietários tanto na produção quanto no mercado imediato. Em ambos os casos isso ocorre porque os proprietários possuem os meios de produção e, consequentemente, têm seus direitos legalmente garantidos pelo Estado, o qual por sua vez reproduz as normas e regras dos capitalistas.

Assim, a economia-mundo capitalista tem fronteiras mais amplas do que qualquer unidade política em particular e, portanto, não há entidade política alguma por mais poderosa que seja (EUA, China, Rússia etc.) que tenha autoridade máxima em todas as áreas do sistema. É a economia-mundo que define a posição dos Estados no sistema internacional conforme uma divisão internacional do trabalho baseada em diferentes tipos de trabalho que se concentram em certos países.

Para Wallerstein, o termo *soberania* implica, na realidade, apenas uma autonomia formal combinada com limitações, a qual é implementada tanto via regras explícitas e implícitas do sistema interestatal como pelo poder dos outros Estados no sistema interestatal. Nenhum Estado do sistema interestatal é totalmente autônomo, porém alguns têm mais autonomia que outros, notadamente os países do centro. Resumindo, não há autonomia plena da esfera política. Ela está subjugada aos imperativos da economia-mundo capitalista e sua divisão internacional do trabalho.

Além disso, os atores mais importantes da economia-mundo capitalista – os Estados, os trabalhadores e os proprietários – são produto histórico da própria economia-mundo capitalista e seu lugar no sistema internacional é condicionado por certos padrões cíclicos e tendências seculares que independem de suas vontades. Isto é, a economia-mundo tem um modo de produção capitalista que é dominado por aqueles que detêm o primado da acumulação constante (proprietários), retirando do caminho aqueles que desejam operar em outros termos econômicos (culturas não capitalistas e movimentos revolucionários).

Enquanto o padrão da hierarquia espacial da produção dentro da economia-mundo capitalista é constante, a posição de qualquer Estado no sistema não o é, uma vez que ocorrem realocações parciais das atividades de tipo-centro e tipo-periferia. Como o que faz a produção tipo-centro ou tipo-periferia é o grau de incorporação valor-trabalho (mecanizado e altamente lucrativo) e isso se altera com o tempo e por conta dos ciclos de produção capitalista, o posicionamento dos Estados no sistema depende desses ciclos de produção capitalista.

Os Estados centrais tentam retardar os ciclos desenvolvendo aparatos estatais relativamente fortes (forças militares e policiais) que procuram assegurar os interesses da classe burguesa nacional por proteção aos seus interesses. Em geral, os Estados procuram formatar o mercado mundial de modo a assegurar os interesses de alguns burgueses e não de outros.

Mas como funciona propriamente o clico de ascensão e queda dos Estados tipo-centro e tipo-periferia segundo Wallerstein? Por conta dos imperativos da acumulação operados por cada proprietário, cada um tentando maximizar ao máximo os lucros, há uma tendência constante de expansão dos volumes absolutos de produção na economia mundial. O lucro somente pode ser realizado, contudo, se houver uma demanda efetiva pela produção mundial de produtos e serviços. Se ninguém comprar o lucro das empresas some. A demanda mundial efetiva, entretanto, é a função da soma dos acordos políticos em diversos Estados, a qual determina a distribuição real do superávit produtivo global. Esses acordos são estáveis apenas por períodos intermediários (entre uma estagnação e outra). Ou seja, os acordos comerciais que regulam as trocas de mercadorias e serviços entre os países asseguram uma certa demanda dos produtos, porém isso é instável e dependente do ciclo.

A oferta mundial de produtos e serviços se expande a uma taxa constante e firme, enquanto a demanda se mantém fixa nesses períodos. Tal sistema resulta, e historicamente tem resultado, em recorrentes gargalos de acumulação, os quais são traduzidos em períodos de estagnação econômica e crise. Esses ciclos de expansão e estagnação têm ocorrido historicamente em períodos de 40-50 anos. Ou seja, a cada 40-50 anos, o capitalismo sofre uma grande crise de excesso de oferta e queda de demanda. Cada período de estagnação cria pressões para reestruturar a rede de produção e as relações sociais que lhe dão base a fim de superar os gargalos de acumulação.

Em resumo, a teoria marxista estrutural de Wallerstein busca explicar como funciona o sistema capitalista global a partir da divisão internacional do trabalho (trabalho tipo-centro, tipo-periferia etc.). Não há dúvida de que se trata de uma teoria explicativa das RI. A teoria mostra como os Estados não são livres para determinar sua posição nesse sistema. Eles dependem das atividades produtivas e dos interesses dos atores fundamentais – proprietários e trabalhadores – que se encontram em constante conflito. A estrutura do sistema capitalista define o papel e local do Estado e não o contrário. Além disso, o ciclo de ascensão e queda da atividade produtiva influencia a posição de cada Estado no sistema internacional. Assim, é possível que um Estado deixe de ser centro, caso sua atividade produtiva deixe de ser viável à classe burguesa local e internacional, e que outro Estado semiperiférico transite para o centro, caso a classe burguesa nacional e internacional consigam, nesse Estado em transição, assegurar a mais-valia não mais encontrada no Estado central em decadência. Esse modelo é interessante para se pensar a transição capitalista pela qual passa a China, de Estado semiperiférico a Estado central. Quais países ricos deixarão de ser centrais?

A TEORIA CRÍTICA – ROBERT W. COX

O teórico Robert W. Cox (1926-2018), professor da Universidade de York, no Canadá, foi o principal expoente da teoria crítica nas Relações Internacionais. Associada ao marxismo, a teoria crítica foi um marco nas Relações Internacionais porque abriu caminho para a ascensão das teorias interpretativas. Ela questionou a necessidade das teorias explicativas de esclarecer o funcionamento das relações internacionais sem problematizar seus fundamentos epistemológicos e como suas teorias e modelos são construídos. A famosa frase de Cox "Toda teoria é para alguém e para algum propósito" se transformou no slogan das análises críticas em RI. Para Cox, não há neutralidade na forma como se faz teorias de RI, e elas sempre refletem os interesses de alguns e a visão de mundo de outros.

A teoria crítica teve grande influência, dentre outras razões, por conta da publicação do capítulo de Robert Cox intitulado "Social Forces, States and World Order: Beyond International Relations Theory", do livro *Neorealism and Its Critics*, organizado por Robert Keohane e Kenneth Waltz em 1986. O texto já havia sido publicado na revista *Millenium: Journal of International Studies* em 1981 e os organizadores do livro resolveram republicá-lo na obra para ampliar o debate. O livro tinha como objetivo discutir as aproximações e distanciamentos entre as teorias neoliberal institucionalista de Keohane e o neorrealismo de Waltz, o famoso debate americano *neo-neo*. Porém, a crítica epistemológica às teorias explicativas ataca os fundamentos de realismo e liberalismo como teorias.

Bastante influenciado pela Escola de Frankfurt e por Antonio Gramsci, Cox argumenta que a disciplina de Relações Internacionais, na medida em que era dominada pelo realismo, tinha como premissa um conjunto de categorias derivadas de uma compreensão do mundo em que Estados são a "agregação de princípios do poder político" e onde há uma clara separação entre Estado e sociedade civil, sendo a política externa "a expressão pura de interesses do Estado". Cox argumenta que essa separação não era mais sustentável, pois Estado e sociedade civil eram intrinsecamente relacionados. As Relações Internacionais deveriam explicar a "pluralidade de formas" de Estado que expressam diferentes configurações da relação Estado-sociedade, bem como uma compreensão mais ampla das "forças sociais" domésticas e sua relação com o desenvolvimento de estruturas estatais e ordens mundiais.

Na busca de uma melhor compreensão de política mundial, Cox defende uma versão gramsciana do materialismo histórico que vai além das teorias clássicas das Relações Internacionais. Ele toma a configuração global de poder como um objeto a ser entendido na sua totalidade (ao contrário dos realistas, que focam na guerra, e os liberais, que focam na cooperação) e se pergunta como ela foi construída e quais são as alternativas e possíveis transformações da configuração global de poder vigente. Assim, a ordem social global não pode ser compreendida sem levar em consideração as interações históricas entre ideias, consciência e ideologias, de um lado, e as circunstâncias sociais, econômicas e políticas concretas, de outro.

Há dois pressupostos centrais na obra de Cox. Primeiro, a visão gramsciana de que a ordem global é construída na ordem social. Assim, mudanças políticas e militares devem ser encontradas nas mudanças sociais fundamentais e não apenas no nível dos Estados e em suas ações. Segundo, o Estado deve ser pensado como um ator inseparável da ordem social, porque ele constitui uma ordem social hegemônica, englobando seus próprios agentes, as classes e as instituições sociais. Ao contrário do dogma realista, que reifica o Estado, Cox enxerga o Estado em suas funções, papéis e responsabilidades como socialmente determinadas. Para ele, a chave para entender as relações internacionais é examinar a relação entre Estado e sociedade civil, reconhecendo que o Estado assume diferentes formatos históricos.

Além disso, está preocupado com a mudança da ordem internacional e com os meios disponíveis para efetivar essa mudança. O autor busca dar conta das transições de ordens globais por meio da explicação da sua formação histórica e social. Ele analisa a economia política internacional utilizando conceitos de produção, forças sociais, hegemonia e Estado em grande parte inspirados por Gramsci. O foco do autor são as "estruturas socialmente construídas da ordem global" que se tornam reais, ainda que fictícias, em virtude da sua força intersubjetiva. Embora essas estruturas não tenham existência material, elas produzem efeitos concretos, porque os indivíduos agem como se fossem reais. É preciso quebrar a alienação que a dominação de classe produz, por meio da perpetuação de sua ideologia de classe, na mente dos oprimidos. Cox está propondo, em certo sentido, a "filosofia da práxis" gramsciana, que vimos anteriormente, para mudar as relações internacionais contemporâneas e sua estrutura de dominação hegemônica.

Escola Inglesa

A Escola Inglesa, originada na Inglaterra da década de 1960, continua a influenciar as teorias de RI atuais. *Escola Inglesa* é um termo usado para descrever um grupo de escritores predominantemente britânicos ou de inspiração britânica, para os quais a sociedade internacional é o principal objeto de análise. Ao contrário dos realistas, que trabalham com o conceito de sistema internacional, os autores de Escola Inglesa deram um passo adiante e cunharam o conceito de "sociedade internacional", tendo como base noções sobre a formação de sociedades nacionais. Seus membros mais influentes são Martin Wight, Hedley Bull e Adam Watson, cujas principais publicações surgiram no período compreendido entre meados da década de 1960 e início dos anos 1990.

A Escola Inglesa busca mesclar conceitos realistas de poder e equilíbrio de poder com a perspectiva liberal sobre leis, regras, normas e instituições internacionais que operam no sistema internacional, ou na sociedade internacional. Porém, em termos metodológicos, ela enfatiza o uso da Sociologia e da História e é crítica das abordagens eminentemente causais e funcionais que predominam no liberalismo e realismo. Para seus membros, o processo histórico que formou o sistema de Estados soberanos ao longo do tempo é constitutivo da sociedade internacional. Assim, para entender como se dá a formação da sociedade internacional é preciso olhar para como ela se constituiu historicamente e como determinado modelo de organização política – o Estado-nação europeu – se tornou o único modelo sobrevivente de organização política no mundo.

Com efeito, a Escola Inglesa pode ser entendida como uma síntese do realismo e liberalismo ou, como alguns preferem colocar, um caminho intermediário entre as duas tradições, porém com uma abordagem metodológica distinta, na qual historiografia e sociologia tomam espaço. Mas não apenas isso. É decisiva a influência do pensamento de Hugo Grotius (1583-1645), filósofo holandês dos séculos XVI e XVII que ficou conhecido como um dos primeiros pensadores do Ocidente a defender a existência de uma sociedade de Estados no nível internacional. Como veremos adiante, essa influência, chamada muitas vezes de pensamento racionalista ou de racionalismo, será fundamental para que os autores da Escola Inglesa construam sua teoria e o conceito de sociedade internacional.

Assim, mais do que apenas uma mescla de realismo e idealismo, a Escola Inglesa reflete, na verdade, a confluência de três tradições para as quais Martin Wight chamou a atenção – realismo, liberalismo e racionalismo. Podemos afirmar que a Escola Inglesa possui uma epistemologia mais complexa e ampla que suas teorias precedentes, notadamente o realismo e liberalismo. Na medida em que busca ser a mescla dessas três tradições, criou uma teoria que amarra as suas principais premissas a um único conceito explicativo geral – a sociedade internacional anárquica.

Este capítulo é dividido em quatro seções. Primeiro, discutimos as premissas fundamentais da Escola Inglesa. Segundo, discutimos alguns conceitos da teoria. Terceiro, analisamos as fundações filosóficas da Escola Inglesa com os trabalhos de Hugo Grotius e Martin Wight. Em seguida, tratamos dos trabalhos fundamentais de Hedley Bull e Adam Watson.

AS PREMISSAS DA ESCOLA INGLESA EM RI

A Escola Inglesa possui quatro premissas fundamentais. Em *primeiro* lugar, defende que os Estados soberanos formam uma sociedade internacional, ainda que anárquica, no plano internacional. Para seus autores, o fato de os Estados terem conseguido criar uma sociedade igualitária e soberana é uma das dimensões mais importantes das relações internacionais. Para eles, há um nível surpreendentemente alto de ordem e um nível surpreendentemente baixo de violência entre Estados nas relações internacionais, dado que a condição primeira das relações internacionais é a anarquia (no sentido da ausência de uma autoridade política superior) e, portanto, a guerra é algo que sempre pode ocorrer.

A sociedade internacional é, então, mais civil e moral do que os realistas pensam. Há mais ordem que desordem na sociedade internacional. A ordem resulta não apenas do poder ou equilíbrio de poder como querem os realistas, mas também da aceitação de regras e instituições que reflitam o interesse racional dos Estados e de outros atores. Assim, na maioria das vezes, os atores agem conforme regras e instituições universais de forma civil e ordeira. Os autores da Escola Inglesa defendem, portanto, a importância tanto do poder – o componente material da ordem – como das ideias, valores, e normas – o componente normativo da ordem, mostrando a influência das três correntes mencionadas acima.

Segundo, o caráter distintivo dessa tradição repousa em sua concepção holística da sociedade internacional. A sociedade anárquica de Estados é constituída por valores, regras e instituições comuns a todos os seus atores. Ou seja, para a Escola Inglesa é mais importante explicar a estabilidade do que a guerra, como querem os realistas. Assim como é mais importante explicar a formação histórica complexa pela qual passou essa ordem internacional, sendo a guerra e o equilíbrio apenas aspectos internos dessa sociedade internacional mais geral.

Terceiro, os teóricos da Escola Inglesa recusam a relevância da chamada analogia doméstica do realismo – isto é, a ordem condicionada pela autoridade hierárquica – e apontam para a possibilidade de existência de uma ordem internacional não hierárquica no plano global. Os autores dessa tradição rejeitam a divisão que o realismo faz entre uma ordem doméstica hierárquica e uma ordem internacional anárquica no sentido de desordem por conta da falta de uma hierarquia. Ou seja, ainda que a ordem internacional seja anárquica formalmente, ela não representa uma desordem. Pelo contrário, é ordeira e bastante estável.

Quarto, essa tradição tem uma abordagem institucional para o estudo da política mundial, embora as chamadas instituições "fundamentais" não sejam apenas as organizações internacionais, como querem os liberais, mas sim instituições bastante incomuns, tais como diplomacia, equilíbrio de poder, Direito Internacional, grandes potências e guerra. Ao contrário do liberalismo, que vê as instituições como um corpo de regras que molda o comportamento dos atores, a Escola Inglesa vê instituições como regras de convivência que são comuns a todos os atores. Ou seja, todos praticam a diplomacia, reconhecem as grandes potências como tal e sabem as regras para praticar a guerra. Assim, a Escola Inglesa mostra uma clara ênfase no papel do Direito Internacional e como ele regula essa ordem.

No quadro a seguir resumimos as quatro premissas:

Os Estados soberanos formam uma sociedade internacional		
Concepção holística – sociedade anárquica de Estados é constituída por valores, regras e instituições comuns a todos os seus atores	Rejeição à ideia de hierarquia na ordem internacional	As instituições são regras comuns e reconhecidas por todos os atores da ordem internacional

CONCEITOS CENTRAIS DA ESCOLA INGLESA EM RI

O pensamento da Escola de Inglesa é construído em torno de quatro conceitos-chave: sistema internacional, sociedade internacional, sociedade mundial e, por fim, sociedade anárquica. Os três primeiros são geralmente associados, respectivamente, aos pensadores Thomas Hobbes, Hugo Grotius e Immanuel Kant, e a influência que a leitura desses pensadores teve sobre Martin Wight e Hedley Bull, principais teóricos da Escola

Inglesa. Como vimos anteriormente, a Escola Inglesa deriva de "três tradições" fundamentais que Martin Wight sugeriu como fontes fundantes da teoria: realismo (Hobbes), racionalismo (Grotius) e liberalismo (Kant). De um modo geral, esses três conceitos são entendidos da seguinte forma:

- **Sistema internacional** (Hobbes / Maquiavel / realismo) representa a política de poder entre os Estados e coloca a estrutura internacional anárquica no centro da teoria de RI. Essa posição é amplamente associada ao realismo. Para os autores da Escola Inglesa existe um sistema internacional caracterizado pela anarquia em que a distribuição de poder importa, porém não é o fator explicativo fundamental. O sistema internacional é caracterizado apenas pelas interações dos Estados soberanos no plano internacional e isso não significa que eles formam uma sociedade propriamente dita.
- **Sociedade mundial** (Kant / liberalismo) leva em consideração os indivíduos, organizações não estatais e, finalmente, a população global como um todo. Este conceito é associado ao liberalismo de Immanuel Kant. Ao focar sua análise nos indivíduos, Kant coloca a transcendência do sistema de Estados no centro da teoria de RI. Ainda que os Estados sejam diferentes em seus sistemas políticos, todos prezam (ou deveriam prezar) pela vida dos indivíduos que moram em seus territórios. Assim, existe um aspecto universal e comum a todos os Estados – a vida humana e a sua preservação. Esse aspecto kantiano das relações internacionais é mantido pela Escola Inglesa.
- **Sociedade internacional** (Grotius / racionalismo), ou sociedade de Estados, significa a institucionalização de interesses e identidades mútuas entre os Estados e coloca a criação e manutenção de normas, regras e instituições compartilhadas no centro da teoria de RI. A ideia básica da sociedade internacional é bastante simples: assim como indivíduos vivem em sociedades, também os Estados vivem em uma sociedade internacional que eles moldam e pela qual são moldados. A sociedade internacional é um contrato social entre sociedades constituídas por seu próprio contrato social.

Tendo como base estes três conceitos oriundos de três tradições filosóficas distintas, Hedley Bull cunhou o mais famoso e importante conceito da Escola Inglesa – *sociedade anárquica*. Como veremos adiante, para Bull existe uma sociedade anárquica quando um grupo de Estados, consciente de certos valores e interesses comuns, forma uma sociedade, no sentido de se considerarem ligados, no seu relacionamento, por um conjunto de regras e participam de instituições comuns. Se eles formam uma sociedade internacional, então é porque se sentem vinculados a determinadas regras no seu inter-relacionamento, tais como a de respeitar a independência de cada um, honrar os acordos e limitar o uso recíproco da força. Essa sociedade é anárquica não porque não tenha ordem, mas porque não existe um poder formal que a imponha com a ameaça do uso da força. Assim, esse conceito é resultante da confluência dos três conceitos citados anteriormente – sociedade de Estados, sociedade mundial e sociedade internacional. O conceito de sociedade internacional foi revolucionário para as teorias de RI da época porque permitia pensar a existência de uma sociedade internacional, de molde nacional, na ordem internacional.

Nos quadros que seguem resumimos os quatro conceitos-chave:

Sistema de Estados	Sociedade mundial	Sociedade internacional
Existe um sistema internacional caracterizado pela anarquia em que a distribuição de poder importa, porém não é o fator explicativo fundamental	Existe um aspecto universal a todos os Estados – a vida humana e a sua preservação –, o que faz do mundo uma sociedade	A sociedade internacional é um contrato social entre sociedades constituídas por seu próprio contrato social

Sociedade anárquica
Existe uma sociedade anárquica quando um grupo de Estados, conscientes de certos valores e interesses comuns, formam uma sociedade, no sentido de se considerarem ligados, no seu relacionamento, por um conjunto de regras, e participam de instituições comuns dentro de um ambiente anárquico

AS ORIGENS DA ESCOLA INGLESA: HUGO GROTIUS E MARTIN WIGHT

Nesta seção vamos tratar de dois pensadores fundamentais para a construção da Escola Inglesa: Hugo Grotius (1583-1645) e Martin Wight (1913-1972). O filósofo e jurista Hugo Grotius viveu em tempos tempestuosos. Famoso pela obra *O direito da guerra e da paz*, de 1625, seus escritos refletem as circunstâncias turbulentas de sua própria vida: controvérsia religiosa entre protestantes e católicos; as brutalidades da Guerra dos Trinta Anos; a luta dos holandeses pela independência do domínio espanhol; e o alargamento do poder marítimo holandês diante da obstrução ibérica e inglesa. Seus escritos também envolvem as mudanças nas estruturas do poder político na Europa: o declínio da Igreja Universal; o surgimento gradual de um sistema internacional de Estados soberanos, ligados simbolicamente à Paz de Westfália de 1648; e a crescente importância do transporte marítimo europeu. Preocupado com o poder relativo dos Países Baixos frente aos Impérios de Inglaterra e Espanha, Hugo Grotius pôs ênfase no Direito Internacional como forma de comunhão e estabilidade no relacionamento entre Estados e indivíduos.

Já Martin Wight era um pensador perfeccionista que pouco publicou de seu trabalho em vida. Foi Hedley Bull que decidiu organizar os escritos de Wight e republicá-los nos anos 1970. Wight era professor de Relações Internacionais nas renomadas London School of Economics and Political Science e Universidade de Sussex até sua morte, em 1972, e deu aulas para Hedley Bull. É considerado o pai fundador da Escola Inglesa e o responsável pelo resgate do pensamento de Hugo Grotius. Como veremos, o legado de Martin Wight para as RI foi importante porque foi ele quem propôs a leitura das relações internacionais a partir de três escolas de pensamento distintas, divisão na qual mais tarde Bull se basearia para delinear as ideias sobre a natureza e o valor da ordem e sociedade internacionais.

Hugo Grotius e *O direito da guerra e da paz*

Grande parte das obras de Hugo Grotius, especialmente seus escritos teológicos e históricos, teve grande impacto na política internacional de sua época.

Porém, sua maior prioridade eram seus trabalhos sobre Direito Internacional, que tinham como foco uma questão central: a Lei das Nações (*Law of Nations*). O trabalho *O direito da guerra e da paz* (1625) marcou seus estudos sobre como os Estados poderiam construir um direito verdadeiramente global.

Influenciado pelos contratualistas de seu tempo e pelas ideias de Estado de Natureza e Estado Civil, Grotius desenvolveu um pensamento jurídico assentado na ideia do direito dos povos. Logo na introdução de *O direito da guerra e da paz*, o pensador fornece os princípios filosóficos que sustentam a criação de um Direito Internacional válido para todos os povos. O alicerce do pensamento do filósofo é o conceito de natureza humana social e racional. Para ele, os indivíduos possuem, naturalmente, um desejo de buscar a vida em sociedade. Essa sociedade é caracterizada pela tranquilidade e, principalmente, pela existência de uma ordem ditada pela razão. É por meio da razão que os indivíduos estabelecem regras que ordenam a sociedade. A ordenação da sociedade é, portanto, fruto da razão humana. Por sua vez, a vida em sociedade ordenada segundo os ditados da razão é a fonte do direito.

Segundo Grotius, os princípios racionais elementares que conduzem à formação e continuidade das sociedades são: (i) não roubar; (ii) restituir bens e vantagens que advêm de posse injusta; (iii) obrigação de cumprir as promessas; (iv) reparar danos causados com culpa; (v) penalizar infratores por merecimento. Dentre esses princípios, destaca-se a obrigação de cumprir os pactos e acordos. Para Grotius a obrigação de cumprir contratos é a fonte de todas as obrigações jurídicas estabelecidas entre os indivíduos. A prática habitual de respeitar pactos e tratados na interação entre os indivíduos constrói, simultaneamente, a sociedade e o direito. Por conseguinte, tanto o Direito Civil como o Direito Internacional são frutos dos pactos entre os indivíduos. O direito natural de viver em sociedade é resguardado pelo Direito Civil, o qual regula as ações no âmbito doméstico, e pelo Direito Internacional, que regula a ação dos Estados no ambiente internacional.

O trabalho de Grotius se torna fundamental para a Escola Inglesa porque sustenta a importância de uma sociedade internacional: a noção de que Estados e seu governantes estão sujeitos a regras que formam uma sociedade ou comunidade de uns com os outros, por mais rudimentar que ela seja. A visão de Grotius, derivada da lei natural, indica que todos os indivíduos são sujeitos de Direito Internacional e membros de uma sociedade internacional por direito próprio. A abordagem de Grotius, que provém da lei natural, é inerentemente universalista no sentido de ser aplicada a toda a humanidade.

Assim, sua visão da sociedade internacional baseada na lei natural leva em consideração Estados e pessoas. A sociedade internacional de Grotius não é apenas a sociedade de Estados, mas sim a sociedade de toda a humanidade. Grotius buscava mostrar alguma objetividade nos valores morais, ou seja, que, a despeito das diversas formas culturais existentes mundo afora, é possível identificar um denominador moral comum a todos os seres racionais. E, já que os Estados são conjuntos de pessoas, todos estão submetidos à lei natural e integrados à sociedade internacional, inclusive os próprios Estados.

Martin Wight e as três tradições

Martin Wight foi o primeiro teórico da Escola Inglesa. Como dissemos, ele publicou pouco em vida e a maior parte de seu trabalho foi editada postumamente por sua esposa, com a assistência de Hedley Bull. Isso inclui seus dois principais livros: *A política do poder* (1946/1978) e *International Theory: Three Traditions* (1991). Uma das poucas obras publicadas em vida foi *Diplomatic Investigations*, escrita com Herbert Butterfield (1966).

Martin Wight sustentou, em *A política do poder*, que um sistema de Estados significa um grupo de Estados soberanos no sentido de que não reconhecem nenhuma entidade política superior e que têm mais ou menos relações permanentes um com o outro, expressas em três instituições: mensageiros, conferências e uma linguagem diplomática em comum. Nessa definição, ele encontrou somente três exemplos históricos de sistemas de Estados: o moderno sistema ocidental de Estados, o qual, segundo ele, emergiu na Europa no século XV e agora abrange o mundo todo; o sistema clássico heleno-helenístico; e o sistema de Estados que existiu na China. Entretanto, ele também estudou os sistemas de Estados suseranos, ou os sistemas nos quais uma unidade política impunha suserania sobre todo o resto. Wight mostrou a importância de olhar para história da constituição do sistema internacional.

Contudo, ainda não estava clara para ele a noção de sociedade internacional, algo que apareceria na sua obra mais influente, *International Theory: Three Traditions*. O centro de sua abordagem nessa obra é o debate entre três grupos de pensadores: os maquiavélicos, os grotianos e os kantianos ou, como ele às vezes os chamavam, respectivamente, realistas, racionalistas e revolucionários. Os maquiavélicos lembravam "o sangue, o ferro e a imoralidade dos homens"; os grotianos lembravam a lei, a ordem e a importância da palavra dos indivíduos; e os kantianos remetiam à subversão e libertação missionária dos indivíduos.

Cada padrão ou tradição de pensamento incorporava uma descrição da natureza da política internacional e também um conjunto de prescrições sobre como os indivíduos deveriam se comportar nela. Tendo identificado esses três padrões de pensamento, Wight então desenvolveu as doutrinas distintas que cada uma delas apresentava sobre guerra, diplomacia, poder, interesse nacional, obrigação de tratados, a conduta política externa e as relações entre Estados civilizados e os chamados "povos bárbaros".

Enfim, o principal legado de Martin Wight para as Relações Internacionais é retomar a tradição de Hugo Grotius e defender uma análise tripartida da realidade internacional, sempre atentando para o valor da história e dos aspectos comuns entre os Estados. A ideia de sociedade internacional, que viria a aparecer de forma mais acabada com Hedley Bull, surgiu nas aulas e escritos de seu professor Martin Wight.

A ESCOLA INGLESA CLÁSSICA: HEDLEY BULL E ADAM WATSON

Se Martin Wight foi o fundador da Escola Inglesa, Hedley Bull (1932-1985) foi o seu criador. Nascido na Austrália em 1932, Bull se mudou para Oxford em 1953 e estudou com Martin Wight na London School of

Economics and Political Science. Crítico feroz do realismo e do argumento funcionalista dos liberais modernos, Hedley Bull seguiu os passos de Martin Wight e se tornou professor da mesma universidade, dando início e estruturação àquilo que se convencionou chamar de Escola Inglesa das Relações Internacionais. Ao incorporar a História e a Sociologia em suas análises, Bull se afastou do domínio dos pensamentos realistas e liberais da sua época e fez uma séria contribuição para uma visão mais plural das relações internacionais. Já Adam Watson (1914-2007) seguiu os ensinamentos de Bull. Watson era diplomata do Foreign Office e fez diversas contribuições acadêmicas ao longo da vida, principalmente no que diz respeito à formação histórica da sociedade internacional. Organizou com Hedley Bull o influente livro *The Expantion of International Society* em 1984.

Hedley Bull e *A sociedade anárquica*

A questão teórica mais original proposta por Bull em sua obra seminal, *A sociedade anárquica* (1977), foi construir uma teoria para o princípio de lei natural de Grotius tendo como parâmetro o conceito de sociedade internacional. Como dissemos anteriormente, o conceito de sociedade internacional é revolucionário para as relações internacionais porque permite pensar a existência de uma sociedade internacional, de molde nacional, na ordem internacional, algo que os realistas e liberais não propunham.

Para Bull, a sociedade internacional deve ser definida como um meio para chegar a um objetivo. Esse objetivo é atingir a ordem internacional. Bull define a ordem não pela sua realidade, mas pelo seu funcionamento em relação a certos objetivos universais, quais sejam: (i) a manutenção da vida; (ii) o cumprimento dos contratos; e a (iii) preservação da propriedade estatal e privada. Ou seja, a sociedade internacional tem como objetivo estabelecer ou manter a ordem internacional e essa ordem tem como objetivo manter a vida, a verdade e a posse.

Mais precisamente, os objetivos elementares da ordem internacional são: (i) a limitação da violência (somente os Estados têm o monopólio da violência e a guerra somente pode ser praticada por uma causa justa, ou seja, que possa ser defendida em termos de regras comuns); (ii) o cumprimento das promessas (princípio *pacta sunt servanda*); e (iii) a manutenção de regras que assegurem a propriedade (representada não apenas pelo reconhecimento recíproco das posses de cada Estado, mas sim no reconhecimento mútuo da soberania, como princípio que assegura a posse das populações e território pelos Estados). Esses três objetivos (vida, verdade e propriedade) mostram a clara influência da Lei Natural de Grotius na obra de Bull.

Para Bull, existem três tipos de elementos sempre presentes da sociedade internacional. Primeiro, os interesses dos Estados pela manutenção da vida, verdade e posse, conforme já desenvolvemos. Segundo, regras que os Estados compartilham em torno do reconhecimento da soberania, do respeito aos tratados e da regulação da violência em caso de guerra. E, por fim, a existência de instituições que todos reconhecem e defendem, tais como equilíbrio de poder, Direito Internacional, diplomacia, guerra e grandes potências.

Mais especificamente, são as regras que contribuem para a realização dos objetivos elementares. As regras são princípios gerais imperativos que autorizam ou obrigam determinados atores a se comportarem de modo prescrito; elas precisam ser feitas, comunicadas, administradas, interpretadas, aplicadas, legitimadas, adaptadas e protegidas. Essas regras podem ter o *status* de Direito Internacional, norma moral, costume ou prática estabelecida; podem ainda ser operacionais, regras do jogo desenvolvidas sem um acordo formal e até mesmo sem comunicação verbal entre as partes.

Já as instituições, para Bull, não são apenas tratados internacionais que mudam o comportamento dos Estados, como argumentam os liberais. Como na sociedade internacional os principais responsáveis pela função de ajudar a tornar as regras efetivas são os Estados, eles acabam colaborando entre si em vários graus e asseguram a manutenção daquilo que Bull chama de "instituições da sociedade internacional": o equilíbrio de poder, o Direito Internacional, os mecanismos diplomáticos, as grandes potências e a guerra. Por *instituição* Bull quer dizer um conjunto de hábitos e práticas orientados para atingir objetivos comuns, e não apenas o Direito Internacional. A instituição é histórica e é dada pela própria dinâmica da política internacional.

Para Bull, a ordem internacional é, portanto, um padrão de atividade humana que sustenta objetivos elementares universais. Se essas metas elementares e universais não forem alcançadas, não se pode falar na existência de uma sociedade internacional, mas apenas de um sistema de Estados. Isto é, a sociedade internacional tem um ponto de partida – a existência de Estados soberanos – mas é mais ampla do que isso. Para se ter uma sociedade internacional é preciso que os Estados comunguem dos elementos universais da ordem internacional. Um sistema de Estados se forma quando dois ou mais Estados têm suficiente contato entre si, com suficiente impacto recíproco nas suas decisões de tal forma que se conduzam como partes de um todo. Essa interação entre os Estados pode ter a forma de cooperação ou de conflito, ou mesmo de neutralidade ou indiferenças recíprocas, mas não se configura necessariamente uma sociedade internacional.

É importante lembrarmos que esse conceito de sistema de Estados de Bull não difere do conceito hobbesiano. Condizente com a influência das três tradições (realismo, liberalismo e racionalismo), Bull usa o conceito hobbesiano de sistema de Estados em sua obra, porém apenas para caracterizar como eles mantêm relações entre si sem que, de fato, componham uma sociedade internacional.

Assim, o que difere Bull do realismo é o conceito de sociedade internacional. Para o autor, existe uma sociedade internacional quando um grupo de Estados, consciente de certos valores e interesses comuns, forma uma sociedade, no sentido de se considerarem ligados, no seu relacionamento, por um conjunto de regras, e participam de instituições comuns. Se eles formam uma sociedade internacional é porque se sentem vinculados a determinadas regras no seu inter-relacionamento, tais como respeitar a independência de cada um, honrar os acordos e limitar o uso recíproco da força. Essa sociedade é anárquica porque funciona segundo valores, sem a necessidade de um poder central.

É nesse contexto que a história se torna importante para a Escola Inglesa. Para Bull, um país entra na sociedade internacional quando adere aos interesses e valores comuns dessa sociedade. Por exemplo, Bull argumenta que Pérsia e Cartago faziam parte, com as cidades-Estados gregas, de um mesmo sistema internacional, mas não participavam da sociedade internacional helênica. Isto é, Pérsia e Cartago interagiam com aquelas cidades, mas eram consideradas bárbaras pelos gregos exatamente por não compartilharem os mesmos valores. Entre o sistema internacional e a sociedade internacional pode haver comunicação, acordos e troca de representantes sem que haja a percepção de interesses ou valores comuns, os quais conferem a essas trocas substância e uma perspectiva de permanência, sem que se estabeleçam regras a respeito do modo como tal interação deve prosseguir.

Assim, para Bull, uma característica comum das sociedades internacionais históricas é o fato de todas se basearem em uma cultura ou civilização que impulsiona a cooperação e o estabelecimento da sociedade. Essa cultura ou civilização pode melhorar a comunicação e impulsionar a compreensão recíproca entre os participantes, reforçando o sentido de interesses em comum, os quais, por sua vez, impelem os Estados a aceitarem a comunidade de valores.

Nesse sentido, o colonialismo marcou a expansão e a imposição do sistema de Estados europeu por todo o globo e permitiu a transformação da sociedade europeia em uma sociedade de dimensão global. Ou seja, todas as outras formas de organização política historicamente existentes – califados, cidades-Estados etc. – deixaram de existir e foram lentamente sendo absorvidas e dominadas pelo modelo europeu de organização política dominante, qual seja, o Estado-nação moderno. E, mesmo quando diversos países travaram guerras anticoloniais contra países europeus, eles adotaram o modelo europeu de Estado ao se tornarem independentes, e não mais voltaram ao tipo de organização política que possuíam antes do domínio europeu. Além disso, boa parte desses novos países foram inventados pelo colonialismo europeu (Iraque, Sudão, Angola etc.), o que impediu a volta a qualquer tipo de organização política prévia dado que essas organizações nunca existiram como tal. Em outras palavras, a sociedade internacional anárquica de Hedley Bull é resultante do colonialismo e do imperialismo europeus, algo, contudo, pouco problematizado pelo próprio autor.

Em artigo no livro *The Expansion of International Society*, publicado com Adam Watson em 1984, Bull desenvolve a discussão da "Revolta contra o Ocidente". Para o autor, o auge dessa sociedade internacional formada pela expansão europeia foi atingido na passagem do século XIX para o século XX. Após a Segunda Guerra Mundial, a sociedade internacional passa por mudanças profundas, principalmente com o processo de independências das ex-colônias europeias na Europa e na Ásia. Mudanças provocadas pelo que o autor denomina como "A Revolta contra o Ocidente", cujo resultado foi a formação da sociedade internacional global de nossa época.

Nessa fase, a sociedade internacional perde suas características essencialmente europeias ao incluir em suas práticas determinados procedimentos reivindicados pelos povos dominados. Na visão do autor, o mundo adota o sistema europeu de Estados, formando assim uma comunhão de interesses em torno de regras gerais da ordem internacional.

Adam Watson e *A evolução da sociedade internacional*

Como apontamos, em 1984, Adam Watson publica com Hedley Bull a obra *The Expansion of International Society*, na qual eles desenvolvem e aprofundam os aspectos históricos e sociológicos da formação da sociedade internacional. Em 1992, Watson publica um segundo livro, intitulado *A evolução da sociedade internacional*, no qual propõe-se perguntar quais seriam as instituições e também as premissas e códigos de conduta pelos quais sistemas políticos do passado tentaram ordenar e regular os sistemas que os uniu, formando eventualmente a sociedade anárquica contemporânea.

No livro de 1992, Watson observa que a análise de Bull era excessivamente centrada no modelo europeu de sociedade anárquica e que ele "'não estudou seriamente a hegemonia e os sistemas de suseranos". O livro de Watson visava remediar essa lacuna. Ele forneceu esboços de sociedades internacionais da antiga Suméria e Assíria, Grécia clássica, Roma, Índia e China, a Bizâncio e o sistema islâmico, terminando com um olhar detalhado do surgimento do sistema europeu, a partir do sistema medieval. Apesar do título do livro, esse aspecto do estudo é mais sobre comparar diferentes formas de sociedade internacional do que sobre evolução. Watson também tinha ambições teóricas. Com base no método comparativo, possibilitado por sua ampla gama de casos históricos, ele queria investigar a estrutura das sociedades internacionais variando entre modelos altamente descentralizados, de um lado (o modelo de anarquia), e altamente centralizados, de outro (algo próximo ao império), e como esses modelos sobreviveram ou sumiram com o passar dos anos.

Watson desenvolve o argumento segundo o qual a sociedade internacional defendida por Bull tem origem ocidental porque são os valores europeus que acabaram por formatar essa ordem. Assim, a sociedade internacional seria o conjunto de valores, instituições e regras criadas não de maneira abstrata, mas histórica e resultante dos conflitos europeus em torno de Estado-nação moderno e sua formação ainda nos séculos XVI e XVIII.

Assim, a base da formação da sociedade internacional foi a expansão do Estado-nação nos moldes europeus, agregando esses diversos sistemas internacionais regionais que operavam com base em distintas regras e instituições definidas por alguma cultura dominante. As estruturas jurídicas e políticas do Estado-nação europeu constituíram-se no instrumento e símbolo dessa expansão. A independência dos Estados americanos, asiáticos e africanos marca o triunfo dessa estrutura denominada Estado-nação.

É importante lembrarmos que essa visão britânica das relações internacionais engloba, além dos objetivos básicos de caráter econômico e político da empreitada colonialista, o envolvimento com os povos colonizados, sua subjugação e seu entendimento. O imperialismo e o colonialismo concretos dos ingleses trouxeram aos seus acadêmicos um grande conhecimento das diversas formas culturais ao redor do mundo. Consequentemente, o conceito de sociedade internacional de Bull está ligado à ideia de civilização europeia, até por conta da lógica britânica de ver o mundo. Por isso é importante ter em mente esses aspectos civilizacionais embutidos nas obras da Escola Inglesa.

Construtivismo

O construtivismo nasceu com os trabalhos de Nicholas Onuf, *World of Our Making: Rules and Rule in Social Theory of International Politics*, de 1989, Friedrich Kratochwil, *Rules, Norms and Decisions*, também de 1989, e, o mais importante deles, *Anarchy is what States Make of it*, de Alexander Wendt, publicado em 1992. O desenvolvimento do construtivismo no final da década de 1980 e no decorrer dos anos 1990 ocorreu em meio a um debate epistemológico intenso nas ciências sociais sobre o papel e influência das ideias e valores na análise dos eventos sociais. O que começou no início dos anos 1980 como uma crítica ao realismo e liberalismo expandiu-se drasticamente para um programa de pesquisa robusto e com significativa força em investigação empírica, tendo como base diversas abordagens teóricas que levavam em consideração o papel das ideias e das identidades na formação das relações internacionais.

O estabelecimento do construtivismo promoveu na disciplina, notadamente no mundo anglo-saxão, aquilo que muitos chamam de "terceiro debate". Enquanto o primeiro debate teria ocorrido entre realismo (Carr) e idealismo (Angell) e o segundo debate entre neorrealismo (Waltz) e neoliberalismo (Keohane), o terceiro debate seria formado pela oposição entre os racionalistas (Waltz e Keohane) e os construtivistas, que acabou se tornando o mais significativo da disciplina em fins dos anos 1980 e começo dos 1990. Não surpreende, portanto, que a disciplina tenha passado por uma verdadeira "virada construtivista".

No entanto, conforme apontamos na "Introdução" neste livro, preferimos olhar para a construção interna das teorias e o que elas representam para outras teorias e não apenas para os "debates paradigmáticos" do modelo estadunidense de discussão sobre as teorias de RI. Assim, em nossa visão, o construtivismo pode ser visto como um meio-termo epistemológico e ontológico entre duas grandes abordagens teóricas discutidas neste livro – realismo e liberalismo, de um lado, e pós-modernismo, de outro. Isto é, em uma extremidade estão localizadas as teorias racionalistas que se baseiam em leituras materialistas do sistema internacional (realismo e liberalismo). Essas teorias pressupõem que as escolhas e ações dos atores são tomadas a partir de premissas racionais, nas quais o ator avalia racionalmente os meios disponíveis para atingir seus fins. Para essas teorias, ideias e identidades têm alguma importância, mas são materialmente orientadas. Ao fim e ao cabo, é a possibilidade de ganho material que define a ação racional dos atores.

No outro extremo estariam os pós-modernos. Para autores desse grupo, como veremos no capítulo "Pós-modernismo", as ideias são importantes nas relações internacionais, mas não para "explicar" o mundo. Pelo contrário, as ideias estão presas aos interesses de quem pretende explicar como as relações internacionais funcionam. Para os pós-modernos, as teorias dominantes das Relações Internacionais (realismo e liberalismo) criam narrativas de poder disfarçadas de conhecimento neutro e científico que acabam impondo uma realidade internacional orientada pela visão materialista do poder.

O construtivismo não vê as ideias e as identidades apenas como narrativas de poder. Tampouco as vê como exclusivamente orientadas pela materialidade. Para os construtivistas, as identidades e as ideias importam, mas constroem vários tipos de realidade internacional e não apenas a anarquia hobbesiana. A ontologia do construtivismo – a forma pela qual os pesquisadores formulam suas teorias – mostra que a estrutura internacional molda e é moldada pelas identidades e preferências dos agentes. Como veremos adiante, estrutura e agência são coconstitutivos e a intermediação dessa coconstituição passa pelas ideias e identidades dos atores. Enquanto realismo, liberalismo, Escola Inglesa e neomarxismo tendem a ver a estrutura do sistema internacional como definidora das relações internacionais, os construtivistas observam como essas mesmas estruturas (no plural) são percebidas e influenciadas pelas ações dos agentes.

Ao mesmo tempo, o construtivismo expressa insatisfação com a postura epistemológica das teorias tradicionais de RI. A dependência de realistas e liberais de uma concepção de ciência objetiva e materialista exclui o caráter normativo da política. Daí a preocupação do construtivismo com o papel das regras, normas e ideias na vida política das relações internacionais. Ao contrário do pós-modernismo, o construtivismo ainda acredita que as ideias e identidades ajudam a entender como as relações internacionais são construídas e, portanto, como elas funcionam.

Para dar conta dessa posição intermediária do construtivismo, dividimos este capítulo em quatro seções. Primeiro, discutimos as premissas fundamentais do construtivismo. Segundo, discutimos alguns conceitos da teoria. Terceiro, analisamos as fundações sociológicas do construtivismo com os trabalhos de Anthony Giddens. Quarto, analisamos os trabalhos do trio construtivista Nicholas Onuf, Friedrich Kratochwil e Alexander Wendt.

AS PREMISSAS DO CONSTRUTIVISMO EM RI

O construtivismo tem três premissas fundamentais. *Primeiro*, o construtivismo desafia os pressupostos do racionalismo (realismo e liberalismo), particularmente a noção de uma realidade imutável da política internacional. Para os construtivistas, a anarquia não é uma característica inevitável da realidade internacional. Na verdade, como nas palavras famosas de Wendt, "a anarquia é o que os Estados fazem dela". O mundo internacional é visto como algo construído e não dado previamente. Os Estados podem ter interesse próprio, mas continuamente redefinem o que esse interesse significa. Suas identidades podem mudar e seus interesses também, ao contrário dos realistas, que argumentam que a sobrevivência é um interesse perene dos Estados.

Para os construtivistas, o sistema internacional pode variar entre conflito e cooperação. Para Wendt, por exemplo, há três tipos de anarquia: hobbesiana (cultura da inimizade – dinâmica de competição na qual prevalece a autoajuda), lockeana (cultura da rivalidade – competição por recursos dentro de uma lógica de custos e benefícios, porém não marcada pelo imperativo da ameaça) e kantiana (cultura da amizade – os Estados têm predisposição positiva em relação uns aos outros). Ou seja, para os realistas, existe apenas uma configuração anárquica – a hobbesiana; para os liberais, essa configuração é hobbesiana, mas pode transitar para a lockeana com a ajuda das instituições internacionais. Para os construtivistas, todas as formas são possíveis e tantas outras mais, porque a anarquia é socialmente construída pelos atores e não pode ser algo dado de antemão.

A questão fundamental para o construtivismo é, portanto, a proposição de que os seres humanos são seres sociais, e que não seriam indivíduos sem relações sociais. Em outras palavras, as relações sociais transformam e constroem as pessoas no tipo de seres que somos. Por outro lado, as pessoas fazem e constroem o mundo com a matéria-prima que o mundo social oferece. Mais do que isso, as pessoas falam sobre o mundo, reinventando-o pela fala. Para o construtivismo, o ato de falar é sem dúvida a maneira mais importante de construir o mundo. Países como França, Estados Unidos ou Zimbábue são construções sociais, ou sociedades, que as pessoas constroem através daquilo que fazem e dizem sobre eles. Os países são mundos independentes porque as pessoas falam sobre eles dessa maneira e querem mantê-los assim.

Segundo, para entender o mundo social como algo mutável é necessário ter como pressuposto que a estrutura e a agência são mutuamente constituídas. Na verdade, é a interação entre estrutura e agente que constrói as relações internacionais. No debate agente-estrutura, os construtivistas negam simultaneamente que os agentes precedam a estrutura e a moldam para servir seus interesses e suas preferências, e que a estrutura tenha capacidade eterna de constranger e limitar as opções e, portanto, as ações dos agentes. Para eles, agentes e estrutura são coconstitutivos uns dos outros, e nenhum precede o outro nem no tempo, nem na capacidade de influenciar. Trata-se de um processo contínuo e permanente de coconstituição.

Terceiro, o construtivismo é caracterizado por uma ênfase na importância das ideias e identidades. A teoria tem como foco o papel das identidades e ideias em moldar a ação política e a relação mutuamente constitutiva entre agentes e estruturas. Na medida em que se pode dizer que as estruturas moldam o comportamento da sociedade e atores políticos, sejam indivíduos ou Estados, os construtivistas sustentam que estruturas normativas ou ideacionais são tão importantes quanto materiais. Quando os realistas enfatizam a estrutura material do equilíbrio do poder militar e os neomarxistas enfatizam a estrutura material do capitalismo global, os construtivistas argumentam que os sistemas de ideias, crenças e valores compartilhados também têm características estruturais e que exercem uma poderosa influência na ação social e política dos atores.

Para os construtivistas, para entender a influência de identidades e/ou normas é necessário explorar o significado intersubjetivo que os atores dão a essas normas e identidades. Ou seja, como eles as percebem internamente. Todos os construtivistas têm em comum uma compreensão interpretativa dos fenômenos observados, o que abre a análise às dimensões subjetivas dos atores. Na sua essência, o construtivismo refere-se à dimensão intersubjetiva da ação social, ou seja, como os atores sociais percebem e entendem o sistema internacional e seu papel nele.

No quadro a seguir resumimos as três premissas centrais do construtivismo:

A anarquia é socialmente construída e pode variar em sua configuração conforme a ação e identidade dos atores

A estrutura e a agência são coconstituídas	As ideias e as identidades importam e formam a preferência dos atores

CONCEITOS CENTRAIS DO CONSTRUTIVISMO EM RI

O construtivismo tem quatro conceitos fundamentais: intersubjetividade, estrutura social, ator social e identidade. O *primeiro* deles é intersubjetividade. Um ponto central do construtivismo é o entendimento de que a política internacional é guiada por normas, regras, ideias, crenças e valores intersubjetivamente compartilhados e institucionalizados pelos atores sociais (ou agentes). A intersubjetividade por definição significa o compartilhamento do componente ideacional da RI – normas, regras e ideias – por atores socialmente construídos e construtores do mundo internacional.

Essas normas e regras compartilhadas trazem consigo as expectativas sobre como o mundo internacional funciona e o que constitui um comportamento legítimo. Embora existam diferenças de opinião entre os construtivistas, todos sustentam que fatores ou estruturas normativas ou ideacionais são pelo menos tão (e provavelmente mais) importantes que estruturas materiais. A intersubjetividade significa como esses componentes ideacionais são percebidos pelos atores. Por exemplo, a China não é necessariamente um rival estrutural dos EUA, mas um ator que é percebido como rival porque os atores políticos nos EUA ajudam a construir essa imagem subjetiva sobre Pequim. Dessa forma, é perfeitamente possível alterar essa percepção promovendo mudanças no campo intersubjetivo das ideias e identidades.

Segundo, a estrutura internacional é uma estrutural social. Ou seja, a estrutura é definida pelos seus significados sociais compartilhados entre atores e não pela sua disposição material. Esses elementos sociais compartilhados podem incluir grupos de regras, normas, crenças de princípios, conhecimento compartilhado, práticas e até mesmo elementos materiais, mas o importante é a percepção que os atores sociais têm desses elementos e como eles as compartilham entre si. Os recursos materiais adquirem significado para a ação dos atores somente através da estrutura do conhecimento compartilhado em que estão incorporados. O poder material depende da percepção que os atores têm dele.

A política internacional pode ser vista como anárquica, porém essa visão é essencialmente definida de maneira ideacional em vez de ser em termos materiais. Pode existir um dilema de segurança entre os Estados, como querem os realistas, mas esse dilema é visto como uma estrutura ideacional composta de entendimentos intersubjetivos entre os Estados que acreditam na sua existência. Eles inventam socialmente o dilema da segurança e, portanto, podem reinventá-lo, desfazê-lo ou segui-lo. Por exemplo, a Guerra Fria pode ser vista como uma estrutura socialmente construída por EUA e União Soviética que foi paulatinamente sendo compartilhada pelos demais atores. Mas, uma vez que a liderança soviética dos anos 1980 começou a mudar sua percepção sobre a rivalidade com os EUA, a lógica central da Guerra Fria de oposição bipolar definida em termos materiais e ideológicos começou a ruir. Os atores ressignificam a bipolaridade e acabam por desfazê-la. O fim da Guerra Fria não ocorreu porque houve uma guerra entre os polos de poder, mas porque um desses polos fez uma reavaliação normativa da sua realidade e da realidade à sua volta.

Terceiro, os agentes sociais são os atores fundamentais dos construtivistas. Os agentes podem ser Estados, mas também atores não estatais, indivíduos ou grupos, bem como movimentos sociais, corporações, organizações internacionais etc. Todos esses agentes não estatais têm o potencial de influenciar a criação de normas internacionais, identidades e comportamento dos Estados, assim como os Estados podem afetar de maneira semelhante os agentes não estatais. A estrutura (relações sociais e significados compartilhados) pode ter um efeito constitutivo – não apenas regulador – sobre os atores e pode incentivar atores ou agentes para redefinir seus interesses e identidades em uma socialização contínua. Assim, diferentemente do neorrealismo, que tende a ver interesses e identidades constantes para isolá-los como fatores causais, o construtivismo está interessado em como as estruturas ideacionais moldam a maneira como os atores se definem e se relacionam com outros atores. De igual importância, esses atores ou agentes têm impacto nas estruturas e em como elas são alteradas e produzidas. Portanto – e este é o ponto principal –, agentes (atores) e estruturas se constituem mutuamente.

Por fim, o *quarto* conceito fundamental para o construtivismo é identidade. A identidade, entendida como conceito relacional, significa uma concepção ideacional sobre o *self* e que reflete também entendimentos específicos de função e expectativas em relação a um "outro". No nível do indivíduo, o *self* é composto também pelas expectativas que o outro tem a respeito do *self*. A identidade é uma propriedade intencional que gera disposições motivacionais e comportamentais. Isso significa que a identidade se forma em um nível subjetivo do indivíduo, enraizada na autocompreensão que um ator tem de si mesmo e cria as bases motivacionais de sua ação. Um Estado que passa por uma revolução social muda sua identidade internacional e passa a pregar a revolução, como foi o caso da transição da Rússia para a União Soviética. Uma mudança no nível do *self* alterou o comportamento. Os demais atores reconhecerão a União Soviética como um ator revolucionário do sistema. Moscou respondeu com mais revoluções.

No quadro a seguir resumimos os quatro conceitos fundamentais do construtivismo:

Intersubjetividade	Estrutura social	Ator social	Identidade
Compartilhamento do componente ideacional das RI – normas, regras e ideias – por atores socialmente construídos e construtores do mundo internacional	Estrutura definida pelos seus significados sociais compartilhados entre atores e não pela sua disposição material	Atores socialmente construídos e plurais (Estados, ONGs etc.), construindo a estrutura social	Concepção sobre o *self* e que reflete entendimentos específicos de função e expectativas em relação a um "outro"

AS ORIGENS DO CONSTRUTIVISMO: ANTHONY GIDDENS

Nesta seção trataremos da obra de Anthony Giddens (1938-), sociólogo britânico e professor da London School of Economics and Political Science. Giddens foi muito influente para a formação do construtivismo em RI, é um dos mais importantes pensadores contemporâneos, com mais de 30 livros publicados e teve também grande influência no governo do primeiro-ministro Anthony Blair (1997-2007). Suas principais obras são os livros *Capitalismo e moderna teoria social* (1971), *A estrutura de classes em sociedade avançadas* (1973) e *The Constitution of Society* (1984), entre outros.

A contribuição de Anthony Giddens para as Relações Internacionais tem sido um tanto direta. Seu trabalho sobre a teoria da estruturação na década de 1970 inspirou um grande número de especialistas em RI, notadamente os construtivistas. Alexander Wendt e Nicholas Onuf se baseiam fortemente na teoria da estruturação de Giddens para pensar as relações internacionais, com inúmeras citações de Giddens em seus principais trabalhos.

No centro do seu esforço intelectual está a teoria da estruturação, uma tentativa de fornecer uma análise teórica adequada da ação social que não elimine o papel coconstitutivo da estrutura e agência. Giddens sustenta que as teorias sociais de sua época (estruturalismo, funcionalismo etc.) falharam em conceituar a ação social de maneira que aprimorasse a compreensão da estrutura e da agência como elementos mutuamente influentes para a ação social.

Ao tratar da ação social do indivíduo, Giddens rejeita o dualismo social/individual no qual a estrutura social seria uma força geradora de práticas que engessam a capacidade de mobilização do agente. O autor ressalta que é importante ser sensível às habilidades que os atores possuem para coordenar os contextos de seu comportamento cotidiano, já que têm um considerável conhecimento sobre as condições e consequências do que fazem em suas vidas. Esse conhecimento não é inteiramente suposto nem fortuito para as atividades deles; assim como as consequências do que fazem não derivam inteiramente de ações intencionais – o que significaria dizer que não existe uma estrutura que define tudo, muito menos agentes com autonomia plena. Pelo contrário, a estrutura social tem peso nas ações dos indivíduos em sociedade.

Outro conceito central para a obra de Anthony Giddens é identidade. Na obra *The Constitution of Society*, ele reflete sobre a relação entre modernidade e a autoidentidade dos indivíduos. A ênfase do livro está no surgimento de novos mecanismos de autoidentidade que são moldados pelas – mas também moldam – as instituições da modernidade. Para Giddens, o *self* não é uma entidade passiva, determinada por influências externas. Ao forjar suas identidades próprias, não importando quão locais sejam seus contextos de ação específicos, os indivíduos contribuem e promovem diretamente influências sociais globais em suas consequências e implicações. Essa noção de autoidentidade que é forjada e forja as circunstâncias será importante para a concepção de *self* de Wendt.

OS TRÊS TIPOS DE CONSTRUTIVISMO VISTOS EM NICHOLAS ONUF, FRIEDRICH KRATOCHWIL E ALEXANDER WENDT

Nesta seção discutiremos os três principais autores do construtivismo. Nicholas Onuf (1941-) é professor aposentado da Florida International University. Foi também professor do Instituto de Relações Internacionais da

PUC-Rio de Janeiro por muitos anos. Onuf foi responsável por introduzir o termo *construtivismo* em Relações Internacionais, reconhecido por Kratochwil e Wendt. Em 1989, publicou o livro *World of Our Making: Rules and Rule in Social Theory of International Politics*. Friedrich Kratochwil (1944-) é professor da Central European University em Budapeste, Hungria. Publicou, em 1989, o livro *Rules, Norms and Decisions*, que se tornou um marco na defesa que o construtivismo faz dos efeitos e influência das normas nas relações internacionais. Alexander Wendt (1958-) é professor da Ohio State University. É sem dúvida o mais influente pensador do construtivismo, figurando ao lado de Kenneth Waltz e Robert Keohane como um dos três mais influentes internacionalistas de todos os tempos. Escreveu diversas obras, mas duas em particular são importantes para a teoria: o clássico artigo de 1992 "Anarchy is What States Make of It" e o livro *Social Theory of International Politics*, de 1996.

Nicholas Onuf e *World of Our Making*

Um dos principais interesses de Onuf reside na interseção entre Relações Internacionais e Direito Internacional. No livro *World of Our Making* o seu projeto é reconstruir a disciplina de RI analisando como os indivíduos constroem a realidade social e suas regras, sendo ao mesmo tempo influenciados por elas.

Onuf questiona as fronteiras tradicionais da disciplina e tem como objetivo criar um novo paradigma que leve em conta a teoria social. A definição de Onuf para uma teoria construtivista baseia-se na ideia, desenvolvida por Anthony Giddens em sua "teoria da estruturação", que pessoas e sociedade constroem, ou constituem, um ao outro. Os processos de mútua construção e sua institucionalização por meio de regras são cruciais para a concepção de Onuf da realidade. Em termos básicos, os seres humanos constroem a realidade através de suas ações (*deeds*). Por sua vez, essas ações podem ser atos de fala que se repetem e são institucionalizados em regras, fornecendo o contexto e a base para o significado da ação humana. Esse processo é profundamente político, porque as regras distribuem os benefícios de maneira desigual entre os atores sociais. Em outras palavras, privilegiam algumas pessoas em detrimento de outras.

Portanto, qualquer análise da vida social internacional deve começar com um olhar sobre as regras e como elas formam a realidade social e foram formadas por essa realidade. Uma regra é uma declaração que informa às pessoas o que elas devem (ou não) fazer. As regras fornecem orientação para o comportamento humano e assim tornam possível o significado compartilhado. Os atores compartilham o significado das regras. Além disso, elas abrem espaço para a agência. Os indivíduos, assim como construções sociais chamadas Estados, tornam-se agentes da sociedade somente por meio de regras. Elas dão aos agentes a escolha de segui-las ou quebrá-las.

Onuf sustenta ainda que o mundo social é construído por ações que podem se constituir apenas pela fala, sem a necessidade de uma ação física. Essa noção é desenvolvida por meio da consciência de atos de fala. A linguagem é representativa e performativa. As pessoas usam palavras para representar ações e podem usar palavras, e apenas palavras, para realizar ações. As regras, por sua vez, se desenvolvem e institucionalizam a partir dos atos de fala. Assim, a linguagem é central na análise na medida em que permite às pessoas construir o mundo e suas regras. A linguagem não apenas descreve ou representa a realidade, mas também a cria.

Ou seja, o denso construtivismo de Onuf é baseado na noção de que a sociedade e os indivíduos se formam em um processo contínuo e mutuamente constitutivo (estrutura e agência). As ações, que podem consistir-se de atos de fala ou ações físicas, constroem o mundo e suas regras, as quais também constrangem as falas e as ações dos indivíduos ou Estados. Assim, o significado nas relações sociais humanas depende da existência de regras que regulam certos aspectos do mundo e como essas regras são também definidas pelos atos.

Friedrich Kratochwil e *Rules, Norms and Decision*

Kratochwil foi coautor de um artigo com John Ruggie em meados dos anos 1980 – "International organization: a state of the art on an art of the state" – em que eles estabeleceram o significado da intersubjetividade, um conceito central para o construtivismo, como vimos. Posteriormente, o conceito é mais desenvolvido no livro *Rules, Norms and Decision*, de 1989, o qual se tornou um texto central para a teoria.

O autor critica a teoria convencional de RI (realismo e liberalismo) por suas concepções estreitas da política e do comportamento dos atores. Ao adotarem uma noção de racionalidade instrumental, ele argumenta, as teorias tradicionais excluem perguntas interessantes sobre o caráter normativo e valorativo das relações internacionais. As explicações racionalistas, tão comuns na RI, partem da ideia segundo a qual intencionalidade do ator é sempre maximizar os ganhos e desconsideram o peso dos valores, crenças, identidades e, sobretudo, regras sociais em suas decisões.

Para Kratochwil, as interações políticas ocorrem com base em informações e entendimentos compartilhados entre os atores sociais. Qualquer tentativa de eliminar elementos de avaliação e interpretação que os atores fazem de seu contexto social com o intuito de tornar as análises mais objetivas, como faz o realismo e o liberalismo, leva a uma concepção errônea da prática social, pois os seres humanos usam critérios interpretativos baseados em valores para a prática cotidiana, e não apenas racionais. Kratochwil quer avançar em direção a uma concepção da racionalidade que é vinculada a entendimentos do senso comum dos indivíduos e Estados. Os indivíduos são ao mesmo tempo racionais, como querem os realistas, e influenciados pelo senso comum proposto pelos valores e crenças.

Assim, ele analisa a dimensão política das RI como algo cheio de significados sociais e não puramente instrumental. Ele afirma que a ação é significativa se puder ser colocada em um contexto intersubjetivamente compartilhado pelos atores. Esse contexto intersubjetivo é baseado e mediado por regras e normas sociais. Consequentemente, as normas são cruciais para a discussão sobre ação política. Elas moldam as decisões, mas também dão sentido às ações e fornecem aos indivíduos um meio através do qual elas podem se comunicar.

Nesse contexto, Kratochwil se concentra na linguagem e nas normas que orientam o comportamento humano. Sua análise é influenciada pela filosofia da linguagem e especialmente pelo conceito de atos de fala. Crucialmente, afirma que a política internacional deve ser analisada no contexto de normas sociais que são entendidas pelos atores em seu contexto social e comunicativo. Regras são, portanto, atos de fala que dependem do sucesso da comunicação entre atores sociais. Funcionam apenas se atingirem o efeito desejado com o destinatário e não são independentes do contexto social.

Alexander Wendt e a anarquia é o que os Estados fazem dela

Com um conjunto de artigos e livros produzidos nos anos 1990, Wendt deu força e consistência teórica ao construtivismo das Relações Internacionais, transformando-o em uma das teorias mais prolíficas e impactantes da área. É no livro *Social Theory of International Politics* (1999) que Wendt constrói uma teoria completa, com premissas, conceitos e aplicações, algo que ele apenas tinha sugerido no artigo seminal de 1992 – "Anarchy is What States Make of It".

Wendt desafia a premissa neorrealista de que a anarquia força os Estados a competirem entre si para garantir sua segurança e sobrevivência. Segundo o autor, o sistema ser conflituoso ou pacífico não é uma função da anarquia ou do poder, mas da cultura compartilhada que os atores criam por meio de práticas sociais discursivas. A anarquia não tem uma "lógica" determinante e única. Ela é construída pelos seus atores sociais por meio do compartilhamento de ideias e identidades. A concepção que cada Estado tem de si (seus interesses e identidade) é um produto dos gestos diplomáticos dos outros. Assim, os Estados podem remodelar a estrutura nesse processo de gestos e relacionamentos, sendo possível reconstituir interesses e identidades em direção a fins pacíficos e não necessariamente conflituosos.

Quando Wendt afirma que "anarquia é o que os Estados fazem dela", o realismo de Waltz e o liberalismo de Keohane sofrem um duro golpe. Os Estados não são mais condenados, por sua situação anárquica, a se preocupar constantemente com o poder relativo e sempre estar sujeito à lógica de conflitos constantes. Eles podem agir para alterar a cultura intersubjetiva que constitui o sistema, solidificando ao longo do tempo as mentalidades não egoístas e necessárias para a paz a longo prazo.

Para os realistas e liberais, as preferências geram os comportamentos. O Estado quer sobreviver, logo usa seu poder material e alianças para isso. Os realistas e liberais não perguntam como os interesses são formados. Mas, segundo Wendt, tomar as identidades e os interesses como dado faz com que essas identidades e interesses sejam objetos fixos e soltos no espaço. Para os realistas, a interação entre os atores não interessa no sentido da definição do *self* (identidade). Para Wendt, as ações continuamente produzem, reproduzem e reconstroem concepções do *self* e do outro, e como tais identidades e interesses estão sempre em processo não é possível analisá-las como algo permanente e fixo.

Como esse interesse dos Estados é constituído? Para Wendt, os Estados têm determinado interesse devido a esquemas ou representações que possuem acerca de si e dos outros. Esses interesses são constituídos por ideias compartilhadas acerca do sistema internacional. As ideias no nível macro (sistema internacional) se tornam interesses no nível micro (Estados).

Wendt vê a estrutura internacional como um fenômeno social e não material. Como a base da sociabilidade é o compartilhamento do conhecimento entre os atores, a estrutura é vista como uma distribuição de "ideias/conhecimento" e não das capacidades, como querem os realistas. O caráter da vida internacional é determinado pelas crenças e expectativas que os Estados têm uns dos outros, constituídos mais de maneira social do que material. A mudança estrutural não acontece apenas quando há uma mudança nas capacidades, como dizem os realistas, mas também quando há mudanças nas culturas de sociabilidade.

Segundo o autor, existem três culturas de sociabilidade nas relações internacionais – hobbesiana, lockeana e kantiana. A anarquia hobbesiana é caracterizada pela cultura da inimizade. Os Estados estão embutidos de uma dinâmica de competição e desconfiança permanentes, e a lógica que prevalece é a lógica da autoajuda. A cultura lockeana é uma cultura da rivalidade. Os Estados competem uns com os outros sobre os recursos, posses e poder, mas essa rivalidade não é uma dinâmica marcada pelos imperativos de vida ou de morte. A dinâmica é caracterizada pela soberania. A cultura kantiana é uma cultura da amizade. Os Estados têm uma predisposição positiva em relação uns aos outros. Disputas não são resolvidas mediante o recurso às armas. Ameaças contra um Estado amigo são consideradas ameaça a si mesmo. Cada um desses três tipos de anarquia pode ser internalizado pelos Estados em três diferentes níveis. O primeiro é pela força, o segundo, pelos interesses (preço a ser pago) e o terceiro é resultado da legitimidade.

PARTE II
TEORIAS INTERPRETATIVAS

Pós-modernismo

Na "Introdução" deste livro mostramos que as teorias de RI se dividem em três grupos: as teorias explicativas, as teorias interpretativas e as teorias normativas. O pós-modernismo é a abordagem central do segundo grupo. Mais do que uma teoria propriamente dita, o pós-modernismo nas RI é um modo de pensamento que fornece uma crítica radical da modernidade e da forma como se produz teorias de RI. O pós-modernismo deve ser entendido como "uma atitude crítica" que explora as maneiras pelas quais as teorias e narrativas dominantes da política mundial produzem e reproduzem relações de poder. As análises pós-modernas são geralmente vistas como crítica epistemológica às teorias dominantes. Isto é, como essas teorias dominantes legitimam certas formas de ação e pensamento enquanto marginalizam outras formas de ser, pensar e agir e utilizam o discurso científico para tal.

Para os pós-modernos, aquilo que se vê ou se explica sobre o funcionamento das relações internacionais é fruto de construções humanas que dependem essencialmente da percepção e processos cognitivos determinados por entendimentos e significados prévios. Até mesmo a linguagem que se usa nas explicações reflete um conjunto integrado de valores que são parte integrante de certas culturas e não de outras. As narrativas ou histórias que as pessoas comumente empregam para descrever suas observações e experiências no mundo acabam definindo as explicações das relações internacionais. Como forma de entender RI, os pós-modernistas promovem a desconstrução linguística e valorativa do que foi dito ou escrito pelos cânones das teorias de RI.

O pós-modernismo uniu debates disciplinares ocorridos nas ciências sociais durante os anos 1980 e 1990. É uma abordagem que se baseia em uma ampla gama de pensadores associados ao pensamento pós-estrutural e pós-moderno, como Jacques Derrida, Michel Foucault, Gilles Deleuze e Judith Butler, entre outros. Assim, o pós-modernismo investiga os limites impostos pela política na modernidade e explora as possibilidades que existem além dela. Com um discurso crítico sobre a produção de conhecimento disciplinar, a teoria problematiza suposições e afirmações consideradas certas sobre a política mundial, como a divisão internacional/doméstico e anarquia/hierarquia. Além disso, o pós-modernismo exige formas de pensamento que partem de suposições novas ou contraintuitivas sobre a vida moderna e as relações internacionais. Para os autores pós-modernos, é preciso pensar as relações internacionais e as formas que explicam as relações internacionais a partir de novos e inesperados ângulos de análise e crítica.

No entanto, o significado de pós-modernismo está em disputa não apenas entre seus críticos, mas também entre os proponentes. Na verdade, muitos teóricos associados ao pós-modernismo nunca usaram o termo, às vezes preferindo "pós-estruturalismo" ou apenas o conceito "desconstrução". Neste capítulo, vamos chamar de pós-modernos os autores que criticam a forma pela qual se explicam as relações internacionais a partir da narrativa de ciência neutra e material, observado em teorias como liberalismo e realismo. Trata-se, portanto, de autores que fazem uma crítica epistemológica sobre as teorias dominantes, similar em alguns aspectos àquilo que vimos com Robert Cox.

Nesse contexto, para os pós-modernos não basta explicar as relações internacionais. É preciso fazer uma análise crítica de *como* se explicam as relações internacionais. Pós-modernos como R. B. J. Walker e Richard Ashley analisaram as teorias e os conceitos mais centrais das RI – tais como soberania e a dualidade nacional/internacional – mostrando como essas explicações que se dizem neutras, na realidade, constroem a realidade internacional e nossas percepções, favorecendo certos atores – as grandes potências e suas elites – em detrimento de outros – os países periféricos e suas diferentes formas de ver as relações internacionais.

Este capítulo é dividido em quatro seções. Primeiro mostraremos as premissas centrais do pós-modernismo em RI. Segundo, discorreremos sobre seus principais conceitos. Terceiro, discutiremos os principais ensinamentos de Michel Foucault, pensador francês cuja obra foi determinante para os estudos pós-modernos em RI. Quarto, analisaremos as obras de R. B. J. Walker e Richard Ashley, os dois mais influentes pós-modernistas contemporâneos.

AS PREMISSAS DO PÓS-MODERNISMO EM RI

O pós-modernismo possui três premissas fundamentais. *Primeiro*, os pensadores pós-modernos têm desconfiança e descrença na possibilidade de reformar o projeto iluminista da modernidade e recuperar seu compromisso com a autonomia e a liberdade humanas. Esse ceticismo se baseia na convicção de que não é possível separar a razão na análise científica das relações de poder que possibilitam falar em "verdades científicas". Para os pós-modernos, toda a verdade é a afirmação de uma posição de poder e reflete estruturas de dominação que pretendem, por meio do discurso científico, apresentar-se com neutras, mas que ao fim acabam impondo uma ordem e visão política sobre os mais fracos.

Os autores pós-modernos, contudo, acabam se distanciando de seus parceiros de combate às teorias explicativas – Robert Cox, visto no capítulo "Marxismo" – na medida em que rejeitam a busca de novas fundações para o conhecimento sobre as quais basear as análises das relações internacionais. Para eles, todas as formas científicas de explicação da realidade trazem consigo o germe de dominação e da narrativa de poder. Ao contrário de Robert Cox, que acreditava em uma leitura gramsciana das relações internacionais para superar a dominação, os pós-modernos são críticos de todas as narrativas e explicações.

Para eles, o problema das teorias explicativas (realismo, marxismo, liberalismo etc.) é que elas partem de pressupostos epistemológicos pouco analisados criticamente. Por exemplo, existe mesmo uma separação entre o nível doméstico e internacional? Os pós-modernos denunciam essa naturalização dos pressupostos da atividade científica em RI como um movimento para silenciar e excluir formas alternativas de produção do conhecimento. Ao impor suas formas de ver as relações internacionais, as teorias de RI, na sua imensa maioria ocidentais, deixam de lado formas alternativas de pensar e narrar as relações internacionais. Por isso, os pós-modernos são chamados comumente de relativistas, pois argumentam que toda afirmação sobre a verdade é feita a partir de uma perspectiva que não é única e, portanto, é sempre relativa ao lugar do qual parte.

Segundo, os pós-modernos assumem que existe uma ligação umbilical entre poder e conhecimento nas análises e teorias de RI. Seguindo os argumentos de Michel Foucault (1966, 1969), a produção de conhecimento é um processo político que tem uma relação de apoio mútuo com o poder. Isso é verdade não só em RI, mas também em todos os aspectos da vida política em que o poder é exercido. As teorias de RI refletem estruturas de poder e, portanto, não podem ser vistas como neutras ou corretas. A realidade é estruturada pela linguagem e o desenvolvimento dos discursos resulta em uma estrutura ou sistema que consiste em conhecimento, assuntos e objetos. Por exemplo, o desenvolvimento do conceito de soberania e os termos associados – Estado, anarquia, fronteiras, segurança e tais identidades humanas – estão no centro da análise crítica de muitos trabalhos pós-modernos em RI e foram escolhidos com os assuntos centrais das teorias de RI explicativas. Mas eles não refletem necessariamente a verdade. São termos inventados por narrativas de poder.

Terceiro, em termos de metodologia, os pós-modernos analisam a genealogia da relação entre poder e conhecimento nos discursos (teorias) dominantes em RI. Por exemplo, qual a origem epistemológica dos conceitos de soberania e anarquia e como eles se tornaram dominante nas teorias de RI? Como conhecimento é sempre condicionado por um determinado tempo e lugar, as interpretações do passado continuam a guiar o pensamento no presente. O conceito de anarquia existia na Índia antes do domínio inglês? Não se trata, portanto, de apontar qual é o fato, mas sim do ato de expor o infinito jogo de dominação das narrativas sobre o que deve ser entendido como fato ou não. Ao se envolverem nessa análise genealógica dos conceitos e das teorias, os pós-modernos buscam descompactar e desmontar os significados embutidos naquilo que se diz ou escreve sobre as relações internacionais.

No quadro a seguir resumimos as três premissas do pós-modernismo:

Os pós-modernos têm descrença na possibilidade de reformar o projeto iluminista da modernidade

Os pós-modernos assumem que existe uma ligação umbilical entre poder e conhecimento nas análises e teorias de RI	Os pós-modernos analisam a genealogia da relação entre poder e conhecimento nos discursos (teorias) dominantes em RI

CONCEITOS CENTRAIS DO PÓS-MODERNISMO EM RI

São quatro os principais conceitos do pós-modernismo em RI: sujeito, linguagem, desconstrução e poder. *Primeiro*, uma discussão constante entre pós-modernos é centrada na relação entre sujeito e sua subjetividade. Para eles, as teorias explicativas separam o sujeito de sua subjetividade. Ou seja, para teorias como o realismo e liberalismo, o indivíduo que analisa e escreve sobre as relações internacionais é idealmente desengajado e distanciado das condições sociais e políticas em que está submerso. Para os pós-modernos as teorias explicativas acreditam em um indivíduo (*self*) universal que é ilusório. A crença humanista de que existe uma essência universal do "homem" – um atributo atemporal de todos os seres humanos – é substituída por uma visão do sujeito como alguém produzido por atos de poder, moldado pela política e os conhecimentos científicos que dão base a essa narrativa de poder. Um sujeito pré-constituído e que existe antes ou à parte de seu contexto dá lugar a um sujeito descentrado e sujeito às forças ao seu redor.

Segundo, os pós-modernos advogam o desmantelamento do sujeito que possui a voz autorizada sobre a verdade. Essa crítica vincula-se à reconceitualização da linguagem e à afirmação de seu poder como algo constitutivo da subjetividade. A linguagem não é um ativo empregado por um sujeito preexistente, mas sim o meio pelo qual a identidade social do sujeito se torna possível. Eles repudiam as reivindicações estruturalistas de totalidade e universalidade, e a presunção de oposições binárias (internacional/doméstico) opera implicitamente nas relações internacionais que servem para suprimir a ambiguidade da significação linguística e cultural dos povos e indivíduos. Em vez disso, eles sugerem que as estruturas sociais não podem ser externas ou independentes do domínio da linguagem, do discurso e do contexto social.

Terceiro, os pós-modernos advogam a desconstrução das dicotomias típicas das teorias das RI. A produção de dicotomias como internacional/doméstico e anarquia/hierarquia, amplamente usadas em teorias explicativas, parte da ideia segundo a qual um dos termos é superior, ao passo que o outro é inferior, marcando uma queda qualitativa e de poder entre os dois. Esse tipo de pensamento não apenas produz oposições binárias, mas também estabelece uma relação hierárquica entre os dois termos. Assume a prioridade do primeiro termo e concebe o segundo em relação a ele, como uma complicação, uma negação, uma manifestação ou uma ruptura. No entanto, esse tipo de pensamento se desconstrói na medida em que tanto as dicotomias quanto as estruturas hierárquicas que os constroem são infundadas e, portanto, carregam uma tendência inerente de desmantelamento. Cabe aos pós-modernos apontar e desconstruir essas dicotomias, fazendo a análise genealógica desses conceitos.

Quarto, para os pós-modernos o poder não é algo possuído por entidades preexistentes, como um indivíduo, um Estado ou uma classe social, mas algo que se constrói em uma relação social marcada pelo discurso. A suposição implícita às análises pós-modernas de poder é a visão de que os sujeitos que estão presos em relações de poder são agentes morais autônomos e, consequentemente, questões sobre o exercício do poder tornam-se emaranhadas com questões de legitimidade e consentimento. Ou seja, o poder não é uma posse material, como querem os realistas, mas é algo exercido por meio do consentido e da legitimidade, e se constrói pelo discurso e pela forma pela qual os atores sociais legitimam suas relações.

Além disso, o poder não apenas bloqueia, reprime e diz "não" como a lei. Pelo contrário, ele opera no campo das possibilidades. Em vez de obstruir, produz e condiciona os campos possíveis de ação dos atores sociais. Como veremos com Michel Foucault, tal conceituação de poder requer um olhar atento sobre sua microfísica (tecnologias destinadas a observar, monitorar, modelar e controlar o comportamento dos indivíduos), operando em uma multiplicidade de configurações institucionais. O poder, portanto, não reside apenas e tão somente no campo das armas, mas também nos entendimentos e discursos que validam o uso dessas armas (ou sua ameaça).

O quadro a seguir resume os quatro conceitos básicos do pós-modernismo:

Sujeito	Linguagem	Desconstrução	Poder
A crença humanista de que existe uma essência universal do "homem" é substituída por uma visão do sujeito como alguém produzido por atos de poder, moldado pela política e pelos conhecimentos científicos que dão base a essa narrativa de poder	A linguagem constitui a subjetividade do sujeito. A linguagem não é um ativo empregado por um sujeito preexistente, mas sim o meio pelo qual a identidade social do sujeito se torna possível	As oposições binárias das relações internacionais, doméstico/internacional, anarquia/hierarquia, precisam ser desconstruídas, e suas relações internas de poder devem ser desmascaradas	O poder não é uma posse material, mas algo exercido por meio do consentido e da legitimidade. O poder se constrói pelo discurso e pela forma como os atores sociais legitimam as relações de poder

MICHEL FOUCAULT – O PODER E O CONHECIMENTO

O filósofo francês Michel Foucault (1926-1984) teve enorme influência intelectual em uma gama variada de temas. Foucault se tornou figura importante para analistas interessados em dar sentido à complexidade das formas modernas de existência social, tais como corpo, identidade, subjetividade, moralidade, ética, tecnologias de governo, poder e conhecimento. Quando requisitado a compor, pouco antes de sua morte, um esboço autobiográfico, Foucault optou por descrever seu trabalho como uma "história crítica do pensamento". Em outro momento, descreveu sua obra como uma "história do presente", isto é, uma obra que fornece análises críticas que exploram a complexa formação da modernidade contemporânea. Suas obras mais importantes e conhecidas são *A história da loucura* (1961), *As palavras e as coisas* (1966), *A arqueologia do saber* (1969), *Vigiar e punir* (1975) e a imensa *A história da sexualidade* (1976-1984). Produziu ainda centenas de artigos e entrevistas. Alguns deles foram organizados e publicados no Brasil sob o título *A microfísica do poder* em 1979, cujo objetivo central é discutir exatamente a visão foucaultiana de poder.

É certo que as relações internacionais não se apresentaram como um domínio de especial interesse para Foucault. Ao que tudo indica, em nenhum momento ele se apoderou dos conceitos e muito menos faz referência à disciplina de RI. No entanto, seus ensinamentos foram centrais para a construção do pós-modernismo em RI. Em uma perspectiva internacionalista, os conceitos foucaultianos mais decisivos são poder e conhecimento. O centro do interesse de Foucault sobre poder reside no exame das situações em que as estruturas discursivas dominantes fornecem um conjunto de normas sobre as quais os agentes exercem poder em relação a outros agentes, bem como em relação a eles próprios, para garantir a conformidade. As análises tradicionais do poder nas Relações Internacionais, principalmente no realismo, têm se concentrado em seus aspectos negativos e comportamentais, ou seja, têm como foco o poder como uma repressão, coerção ou negação observáveis. Nessa visão, o poder é a capacidade de um ator A de fazer um ator B fazer coisas (que são, em regra, no interesse de A) e que B não faria de outra forma. O poder, nessa visão reducionista, é propriedade de uma agência; isto é, é algo possuído e usado por A para obter a mudança de comportamento desejada em B.

Além disso, para Foucault toda forma de dominação depende de uma articulação entre poder e conhecimento. A pretensão de separar os processos de produção do conhecimento, tais como fazer teorias de RI, dos mecanismos de dominação é ilusória. Mais do que isso, é um estratagema da teoria para se vender como neutra e como "a verdade". Para Foucault, o poder precisa de conhecimento para se legitimar e opera por meio de redes de poder com vários atores agindo conforme os padrões discursivos determinados. Quando se vende a ciência como neutra, na realidade, tenta se esconder suas origens.

Nesse contexto, o conhecimento não é mera abstração. É algo que se transforma em ganhos materiais. O conhecimento é produzido por cientistas que não o controlam totalmente, pois estão presos a certos regimes de verdades que os impedem ou dificultam questioná-los. O conhecimento não produz uma verdade única e universal. Ele representa um regime de verdade, uma certa relação de poder discursiva e material, que se coloca no tempo e espaço a serviço de algum interesse ou regime de verdade. Em frase famosa de Foucault (1979), "o conhecimento não é feito para esclarecer, é feito para cortar (machucar)". Por isso, cabe ao intelectual efetuar um levantamento crítico da história dos conceitos e das teorias, buscando refletir como estas, vistas como discursos, estão se legitimando como "verdades". É preciso sempre levar em consideração que teorias são baseadas em pensamentos e condições de mundo com os quais um grupo ou sujeito procura legitimá-lo de acordo com seus interesses. Assim, pode-se perguntar: quem ganha com o domínio de uma visão realista das relações internacionais?

O pós-modernismo em RI: Robert B. J. Walker e Richard Ashley

Os autores mais influentes do pensamento pós-moderno em RI são R. B. J. Walker e Richard Ashley. Eles estão entre os primeiros a trazer os ensinamentos de Michel Foucault para o debate dos conceitos, temas e teorias de RI. Walker se formou na Universidade do País de Gales em 1968 e mudou-se para o Canadá para fazer doutorado em 1977. Recebeu seu PhD pela Queen's University em Ontário e desde 1981 leciona na Universidade de Victoria, Canadá. Foi professor visitante na Universidade

Nacional da Austrália, Universidade de Princeton e no Instituto de Relações Internacionais da PUC-RJ, sendo um dos responsáveis pela formação de vários acadêmicos brasileiros das Relações Internacionais. Produziu inúmeros artigos e livros, muitos deles em parceria com Richard Ashley, mas sua obra mais importante é o livro *Inside/Oustide: International Relations as a Political Theory* de 1993. Richard Ashley se formou pela Universidade da Califórnia, Santa Bárbara, em 1970, e recebeu seu PhD do Instituto de Tecnologia de Massachusetts em 1977. Em 1985 ele ganhou o Prêmio Karl Deutsch da International Studies Association, um dos mais renomados prêmios da disciplina das Relações Internacionais, e desde 1981 leciona no Departamento de Ciência Política da Arizona State University. Suas principais contribuições para o pensamento pós-moderno apareceram nos artigos "Untying the Sovereign State: a Double Reading of the Anarchy Problematique", publicado na *Millennium: Journal of International Studies* em 1988; e "The Poverty of Neorealism", publicado na *International Organization* em 1984.

R. B. J. Walker, a soberania e o conhecimento em Relações Internacionais

Em seu livro *Inside/Oustide: International Relations as a Political Theory*, Walker trata de dois aspectos importantes para o pensamento pós-moderno – a narrativa da soberania e a forma como se produzem teorias de RI. Primeiro, Walker faz a genealogia do conceito de soberania estatal e afirma que tal princípio é crucial para resolver três antinomias (oposições) cruciais das RI – a relação entre unidade e diversidade, entre interno e externo e entre espaço e tempo.

O argumento do autor é de que o princípio da soberania não é apenas uma reivindicação legal abstrata, mas também uma densa prática política que afeta a todos. Os indivíduos desfrutam dos benefícios da comunidade política como cidadãos com direitos dentro do Estado. Já para aqueles que estão fora do Estado, as obrigações para com os seus direitos são apenas um pálido reflexo da lei natural. Dentro do Estado há unidade, ao passo que fora dele há diversidade. Trata-se de espaço arbitrário de divisão da política internacional – Estados autônomos e soberanos – que garante a continuação de uma esfera de necessidade e diversidade e não uma esfera da liberdade.

Além disso, ao conter os indivíduos dentro de suas fronteiras, o Estado moderno soberano dá uma resposta ao questionamento dos indivíduos quanto à sua natureza racional perante a força do divino e do religioso. Isto é, dentro do Estado soberano, os indivíduos podem realizar suas aspirações universais por justiça e liberdade, assumindo o controle do seu tempo e deixando de lado os comandos da ordem divina. Os indivíduos só se tornam senhores de sua própria história, rejeitando o controle do divino, porque o Estado soberano organizou um território e um esquema legal que garante ao indivíduo o controle do tempo.

Em vez de escrever sobre como o mundo funciona, Walker escreve sobre a maneira pela qual os outros escrevem sobre como mundo funciona. A segunda contribuição de Walker tem a ver, portanto, com a produção de conhecimento em teorias de RI. O autor faz uma análise epistemológica da relação entre o saber teórico e a construção de narrativas de poder e verdade. Em uma densa análise sobre a leitura que o realismo faz de autores como Thomas Hobbes, Nicolau Maquiavel e Tucídides, Walker sustenta que o esforço do realismo em defender estes pensadores como centrais para o pensamento das Relações Internacionais, na verdade, tem embutida uma necessidade de transformar a *realpolitik* – a luta pelo poder material – na interpretação inquestionável das relações internacionais, o que obviamente favorece aqueles intérpretes e políticos profissionais que pensam dessa maneira, sempre em detrimentos de visões alternativas. Walker argumenta que a noção de um corpo coerente que se estende desde a Grécia clássica até o tempo presente é mais um mito do que um fato. Essa tradição funciona como um dispositivo de legitimação. Ela define os limites para o que é considerado uma teoria de RI aceitável. O realismo idealiza uma certa concepção da política dentro do Estado, e então usa essa definição ideal para declarar tudo o que não se encaixa nesse padrão como algo não político ou irracional. Assim, apesar da distância declarada do realismo em relação ao idealismo, para Walker esse esforço do realismo de se colocar como a verdadeira representação do internacional é um certo tipo de idealismo em si.

Richard Ashley e as narrativas da soberania e anarquia

Em seus trabalhos, Richard Ashley expôs o nexo entre poder e conhecimento nas teorias de RI, principalmente no que diz respeito às narrativas da soberania e anarquia, tão comuns nas teorias realistas e liberais. Seguindo Foucault, que defendeu a existência da "regra de imanência" entre o conhecimento do Estado e o conhecimento do homem, Ashley afirma que "a arte do Estado moderno é a arte do homem moderno". Ou seja, o autor demonstra que o paradigma da soberania dá origem a uma certa vida política moderna, qual seja, o Estado que depende, para existir, da figura heroica do homem que raciocina, do homem que sabe que a ordem do mundo não é dada por Deus, mas pela razão. A narrativa do Estado soberano assegura a esse homem racional, portanto, a origem de todo conhecimento. É do homem a responsabilidade de fornecer o significado para a história por meio da razão, alcançando assim conhecimento, autonomia e poder totais.

Ashley também centra a crítica ao conceito de anarquia como narrativa fundadora das RI. No artigo "Untying the sovereign state: a double reading of the anarchy problematique" (1988), o autor busca entender como essa narrativa funciona, como alcançou tanta proeminência nas RI e como se tornou tão poderosa a ponto de se tornar autoevidente. A anarquia é geralmente definida como espaço internacional onde Estados egoístas buscam seus interesses e exercem seu poder. É o espaço onde estadistas, orientados pelas necessidades do poder, agem em nome desse Estado egoísta e racional.

Consistente com Michel Foucault e sua análise sobre a relação entre poder e conhecimento na vida social, Ashley exorta os internacionalistas a lerem os textos realistas não como uma tentativa de espelhar uma dada realidade de Estados coexistindo em um ambiente anárquico. Em vez disso, deve-se lê-los como uma das muitas tentativas intelectuais que endossam a permanência e continuidade do Estado soberano territorial como o único ente possível da comunidade política, ou seja, a única organização política capaz de delimitar o âmbito da liberdade e identidade dos indivíduos como membros de certas comunidades nacionais. Isso é o que ele quer dizer com engajar-se em uma "dupla leitura" da "problemática da anarquia" que constrói uma disciplina inteira para compreender (e inventar) o *locus* por excelência das relações internacionais. Para Ashley, a associação da anarquia com a ausência de ordem e autoridade só é possível porque há uma associação intelectual prévia entre soberania territorial e ordem/comunidade. Ou seja, só há um ambiente anárquico e sem ordem porque há, em oposição, um ambiente doméstico, comunitário e ordeiro. Estas concepções binárias das RI têm a tendência em privilegiar um polo em detrimento do outro.

* * *

É possível notarmos nos escritos de R. B. J. Walker e Richard Ashley que não se trata mais de explicar o mundo internacional e como ele funciona, mas sim fazer uma análise crítica da epistemologia daquilo que está por trás das formas de explicação dominante deste mundo internacional, sobretudo as teorias realista e liberal. Para eles, antes de ver essas teorias como verdadeiros espelhos da realidade, é preciso fazer uma análise crítica de seus conceitos fundantes – soberania, anarquia, poder etc. – e entendê-los não como verdade em si, mas como certa narrativa sobre a realidade, uma narrativa poderosa que acaba construindo a própria realidade na medida em que os atores sociais e políticos de peso acabam encarando essas visões como *a* verdade. Realismo e liberalismo se constroem nessas oposições – anarquia/ordem, internacional/doméstico – e dependem dessas antinomias linguísticas para poder desenvolver seus argumentos mais sofisticados. No entanto, essas oposições não são neutras e não são ausentes de poder.

Feminismo

As teorias feministas se projetaram no campo das Relações Internacionais a partir do final da década de 1980, quando acadêmicas nutriram-se da chamada "segunda onda" do feminismo para mostrar o silenciamento das mulheres nas narrativas centrais em Relações Internacionais. Ainda em 1988, a revista *Millennium* realizou sua conferência anual dedicada ao tema "mulheres e Relações Internacionais". O resultado rendeu a primeira publicação científica da área direcionada às questões de gênero. A partir de então, o número de publicações no campo do feminismo continua crescente, sendo marcado, por exemplo, pelo surgimento da revista científica *International Feminist Journal of Politics* em 1999, oriunda dos trabalhos do grupo de teoria feminista e estudos de gênero (Feminism Theory and Gender Studies Section) da International Studies Association.

De modo geral, as contribuições das feministas às Relações Internacionais denunciam o sexismo nas interpretações convencionais das RI enquanto disciplina e campo político, estruturado numa perspectiva elitista e excludente que ignora o protagonismo de determinados grupos na sociedade, como ocorre com as mulheres. Indo além, as feministas criticam a ênfase excessiva atribuída ao Estado, à guerra e à diplomacia, abordados de maneira convencional. Omitem-se, assim, elas clamam, questões que no cotidiano são mais cruciais tanto à segurança quanto à própria existência das mulheres, tais como a violência social e familiar. As teóricas feministas veem as Relações Internacionais na condição de sujeito e objeto de análise, fomentando importante discussão sobre as relações de poder reproduzidas neste campo de conhecimento, em especial à dominação masculina promovida pelo patriarcado.

Há basicamente três formas de ver o feminismo em RI. Primeiro, ter como foco de análise mulheres como atores históricos e políticos que influenciam e são influenciadas pela política internacional. Segundo, construir um pensamento genuinamente feminista em RI, ou seja, uma teorização que inclua as experiências e o olhar das mulheres. Essa seria uma nova epistemologia de gênero. Terceiro, discutir a dimensão normativa evidente em quase todas as teorizações feministas. Sua essência é a afirmação de que as mulheres são historicamente desprivilegiadas e sub-representadas em detrimento do patriarcado; o que precisa ser corrigido para termos uma sociedade mais justa e igualitária.

O desenvolvimento da teorização feminista na disciplina é paralelo à crescente preocupação com questões de gênero na política global, que permanece um abismo. De modo geral, os indicadores sociais, econômicos e políticos mostram uma vasta desigualdade de gênero nas sociedades. As mulheres ainda são maioria dos pobres; a maioria das vítimas civis nas guerras, e frequentemente são sujeitas à violência sexual. Menos de 20% das lideranças políticas eleitas no mundo são mulheres, embora as líderes tenham uma média de aprovação de governo mais alta que os homens. Em muitos países não ocidentais, as mulheres ainda são impedidas de participar da vida pública. E mesmo em países em que elas não são barradas formalmente, os obstáculos informais do machismo estrutural impede a ascensão de suas carreiras.

Nas últimas décadas políticos profissionais e diplomatas falam cada vez mais sobre questões de gênero e o fazem com sofisticação crescente. Não há uma única organização internacional que não tenha programas para a promoção da igualdade de gênero. A mensagem dessas organizações internacionais é cada vez mais clara: a igualdade de gênero deve ser uma prioridade política não só porque é um fim importante em si, mas também porque aumenta as chances de sucesso em outras políticas públicas, tais como segurança, comércio, direitos humanos etc. Uma política de segurança pública, por exemplo, se não incluir questões de gênero tem mais chances de fracassar.

No entanto, apesar de todo esse crescimento e mudança, as mulheres continuam a ser sub-representadas em Relações Internacionais, uma disciplina ainda moldada por homens e com normas associadas à masculinidade, especialmente em níveis mais seniores. As feministas de várias tradições denunciaram as Relações Internacionais como uma das disciplinas das ciências sociais mais cegas para a questão de gênero. Isso não impediu, obviamente, que as acadêmicas feministas continuassem a questionar a marginalidade de seu trabalho frente ao núcleo da disciplina. As mulheres ainda publicam menos que os homens nas principais revistas científicas da área, mas isso vem mudando, com várias revistas implementando políticas de igualdade de gênero.

Assim, as teorias feministas de RI têm se preocupado em trazer as desigualdades à luz, notadamente em temas internacionais, ajudando a disciplina de RI a entender suas causas e pensar maneiras de superá-las. O feminismo em RI requer dos acadêmicos, ao mesmo tempo, uma atitude científica crítica e um engajamento político.

A análise feminista em RI busca responder as seguintes perguntas mais gerais: por que gênero importa nas relações internacionais? Por que gênero é importante para pensar as formas pelas quais se teorizam sobre as relações internacionais? E o que acontece quando as questões de gênero são deixadas de lado tanto na análise da política mundial real como nas teorias que explicam e criticam as relações internacionais?

Para responder tais perguntas dividimos o capítulo em quatro seções. Primeiro, discutiremos as premissas do feminismo. Segundo, os conceitos fundamentais. Em seguida, abordaremos as "ondas feministas" e as obras fundacionais de Mary Wollstonecraft, Simone de Beauvoir e Carole Pateman. Quarto, analisamos as três autoras mais influentes no feminismo das RI: Jean Bethke Elshtain, J. Ann Tickner e Cynthia Enloe.

AS PREMISSAS DO FEMINISMO EM RI

Embora exista uma grande diversidade de teorias feministas, quase todas as teóricas feministas concordam que, para ser "feminista", uma teoria deve (a) ter como base o pressuposto de que as mulheres e os homens não compartilham exatamente a mesma situação na vida; (b) oferecer guias de ação que busquem subverter ao invés de reforçar a presente subordinação sistemática das mulheres; (c) fornecer estratégias para lidar com questões que surgem na vida privada ou doméstica das mulheres; e (d) levar a experiência moral de todas as mulheres a sério e criticamente.

Assim, a teoria feminista tem como preocupação normativa explicar e combater a subordinação ou assimetria injustificada entre mulheres e homens. Nesse sentido, as teorias feministas buscam não apenas um entendimento dessa relação de poder, mas, sobretudo, conceber propostas e práticas que eliminem a desigualdade e gênero. É, contudo, crucial enfatizarmos que as teorias feministas são plurais e, portanto, discordam sobre o que e como se constitui a subordinação da mulher, bem como a melhor explicação e método de superá-la, rompendo com o patriarcado.

Além disso, os estudos feministas mais recentes afirmam que gênero não é sinônimo de mulher, no sentido biológico. Em vez disso, gênero refere-se em geral aos comportamentos socialmente aprendidos, performances repetidas e expectativas idealizadas que estão associadas aos papéis sociais da masculinidade e feminilidade. Como tal, não é igual e não pode estar totalmente relacionado ao sexo, que é normalmente definido como as características biológicas e anatômicas que distinguem os corpos de mulheres e homens. Ademais, os estudos contemporâneos de gênero sustentam que o sexo também é socialmente construído porque é apenas através dos significados dados às características biológicas e anatômicas particulares que a diferença de sexo, como um binário inequívoco, é naturalizada e aplicada, distinguindo desde cedo meninas e meninos.

Em um ataque ao patriarcado embutido na epistemologia das teorias dominantes em RI, as analistas de gênero desafiam também a noção de que a diferença sexual é em si natural e dualística, questionando as suposições sobre um mundo composto apenas de "homens" e "mulheres". Mais do que isso, como as características particulares associadas à feminilidade e masculinidade variam significativamente entre culturas, raças e classes, não há mulheres e homens genéricos (ou outros sexos ou gêneros) válidos universalmente. Em geral, aqueles que detêm poder, autonomia, decisão, esfera pública e racionalidade são estereotipicamente associados às masculinidades. Já os opostos – fraqueza, dependência, emoção, passividade e esfera privada – estão associados às feminilidades. Assim, gênero é um sistema de significados simbólicos onde "simbolismo de gênero" descreve a forma como os opostos masculino/feminino constroem várias dicotomias que organizam o pensamento ocidental.

Com efeito, as identidades, lealdades, interesses e oportunidades de gênero se cruzam por incontáveis dimensões da diferença, especialmente aquelas associadas à etnia, raça, classe, nacionalidade e identidades sexuais. Nesse contexto, as acadêmicas feministas contemporâneas evitam a prática do "essencialismo", ou seja, a suposição de que todas as mulheres ou todos os homens ou todos aqueles dentro de uma determinada raça ou classe têm as mesmas experiências e interesses em qualquer local do mundo. Elas reconhecem que algumas mulheres se beneficiam da sua condição de classe, raça ou orientação sexual, enquanto muitos homens estão subordinados por essas mesmas características e ainda assim exercem opressão sobre as mulheres, o que sugere a importância de uma abordagem interseccional às questões de gênero.

No quadro a seguir resumimos três premissas do feminismo:

| A principal preocupação da teoria feminista é explicar e combater a subordinação ou assimetria injustificada entre mulheres e homens |

| Mulheres e homens não compartilham exatamente a mesma situação na vida | Gênero não é sinônimo de mulher |

CONCEITOS CENTRAIS DO FEMINISMO EM RI

Nesta seção, discutiremos quatro conceitos centrais para o feminismo em RI: hierarquia social de gênero, olhar de gênero, perspectiva do ponto de vista e sociedade patriarcal. *Primeiro*, a hierarquia social de gênero significa uma característica estrutural da política e vida social que molda profundamente uma visão de mundo dos indivíduos em relação aos papéis sociais associado ao gênero. Ou seja, as características associadas ao gênero podem variar através do tempo e da cultura, mas em geral servem para sustentar o poder masculino e subordinar as mulheres na maioria das sociedades. Essa associação explica como grupos dominantes usam a "feminização" para desvalorizar grupos marginais. Como afirmamos, as definições de masculinidade e feminilidade são dependentes entre si, ou seja, masculinidades não existem exceto em contraste com as feminilidades. Assim, enquanto as definições de masculinidade e feminilidade variam no tempo e no espaço, elas são quase sempre desiguais na maioria das sociedades. A hierarquia de gênero é uma das principais formas de dar significação às relações de poder, à opressão de gênero, que colocam no polo das masculinidades os atributos da força e da racionalidade e no polo das feminilidades a emoção e a fraqueza. Em geral, feminizar grupos ou indivíduos os torna fracos. Feminizar é um ato de opressão de gênero.

Segundo, embora seja importante reconhecer o impacto da variação cultural sobre como diferenças de gênero são formadas e expressas, um olhar sensível ao gênero também revela a natureza do gênero como um sistema de construção de diferenças e hierarquias que produzem dicotomias em praticamente todas as sociedades contemporâneas. Como gênero tem a ver com poder, a forma como funciona o poder de gênero começa a se tornar visível em um exame do relacionamento entre masculinidade e feminilidade. Assim, um olhar de gênero significa usar a carga teórica e conceitual dos estudos de gênero para desvelar a hierarquia de gênero nas sociedades.

Terceiro, a perspectiva do ponto de vista é usada para descrever um ramo do feminismo que enfatiza a legitimidade e autoridade de experiência e argumenta que as mulheres têm acesso exclusivo a um tipo particular de conhecimento e experiência em virtude de sua feminilidade. O conhecimento feminista seria marcado pela valorização da experiência vivida dos sujeitos sociais, em vez de esquemas abstratos. Mais do que isso, na versão vinculada à chamada "teoria do ponto de vista" (*standpoint theory*), julga-se que a experiência feminina, assim como de outros grupos marginalizados, possuiria um privilégio conceitual e teórico, sendo mais capaz de apreender as estruturas de opressão e dominação.

Quarto, uma sociedade patriarcal é aquela em que o poder simbólico, legal e econômico se concentra nas mãos dos homens e coloca as mulheres em uma relação de subordinação e dependência. O patriarcado é entendido como sendo mais uma das manifestações históricas da dominação masculina. No entanto, se por um lado o conceito de patriarcado é capaz de capturar a profundidade e amplitude dos diferentes aspectos da subordinação das mulheres aos homens, por outro, as instituições patriarcais foram transformadas ao longo do tempo, criando outras relações desiguais que não são necessariamente patriarcais. Isso não significa que a dominação masculina desapareceu. Pelo contrário, permanece amplamente sustentada na sociedade. Contudo, parte importante dessa transformação é a substituição de relações de subordinação direta de uma mulher a um homem, próprias do patriarcado histórico (mulher sem direito à herança), por estruturas impessoais de atribuição de vantagens e oportunidades (promoções no emprego).

No quadro a seguir resumimos os quatro conceitos centrais do feminismo em RI:

Hierarquia de gênero	**Olhar de gênero**	**Perspectiva do ponto de vista**	**Sociedade patriarcal**
As características associadas ao gênero podem variar através do tempo e da cultura, mas em geral servem para sustentar o poder masculino e subordinar as mulheres na maioria das sociedades	Olhar de gênero significa usar a carga teórica e conceitual dos estudos de gênero para desvelar a hierarquia de gênero nas sociedades	Ramo do feminismo que enfatiza a legitimidade e autoridade de experiência e argumenta que as mulheres têm acesso exclusivo a um tipo particular de conhecimento e experiência em virtude de sua feminilidade	Sociedade caracterizada pelo domínio simbólico e legal dos homens sobre as mulheres

AS ONDAS DO FEMINISMO E O PENSAMENTO DE MARY WOLLSTONECRAFT, SIMONE DE BEAUVOIR E CAROLE PATEMAN

As ondas feministas

Os movimentos feministas modernos e as contribuições teóricas que os amparam são comumente organizados a partir de recortes temporais definidos com "ondas", marcadas por ênfases em determinadas questões e abordagens sobre a luta das mulheres pela igualdade de gênero. Historicamente, essa divisão é composta por três ondas, que, embora distintas, não necessariamente pressupõem a eliminação de uma pauta de demandas da onda anterior, que agregam novas perspectivas e recortes para se pensar e trabalhar as questões de gênero.

A primeira onda do feminismo moderno começou no final do século XIX e se estendeu até aproximadamente a metade do século XX. Desenvolvendo-se no contexto das sociedades industriais e políticas liberais na Europa e nos Estados Unidos, depois difundindo-se para o sul global. Essa primeira onda foi marcada tanto pelos movimentos de luta das mulheres com ênfase na igualdade de remuneração e direito à propriedade e, posteriormente, no direito ao voto, como também nas lutas abolicionistas das mulheres negras (principalmente nos EUA) e pelo início do chamando feminismo socialista. Importantes autoras dessa época são: Alexandra Kollontai, Elizabeth Cady Stanton, Emma Goldman, Frances E. W. Harper, Rosa Luxemburgo, Sojourner Truth, Susan B. Anthony e Virginia Woolf.

A segunda onda do feminismo teve seu ápice entre as décadas de 1960 e1980 e foi marcada pelo início do chamado feminismo radical. Durante esse período, o movimento feminista manifestou-se em formas plurais, alguns refletindo os movimentos dos direitos civis, outros a "nova esquerda". Em comum, os movimentos dessa onda questionavam de maneira mais ampla o patriarcado e sexismo que forjavam a estrutura cultural da sociedade, avançando as pautas das feministas da "primeira onda". As autoras importantes desse período incluem Simone de Beauvoir, Betty Friedan, Carol Hanish, Juliet Mitchell, Kate Milett e Shulamith Firestone.

A chamada terceira onda do feminismo começa no início dos anos 1990 e vem como uma crítica aos movimentos da segunda onda, em especial por suas concepções essencialistas da noção de "feminino" e pela ênfase nas experiências das mulheres brancas de classe média do norte global. Muitas feministas da terceira onda partem de abordagens pós-modernistas e pós-coloniais, questionando a noção de universalização do conceito de mulher, a heteronormatividade da sociedade e interpretação que se fazia de sexualidade, comumente enfatizando suas análises na micropolítica. Destacam-se as contribuições de Chandra Mohanty, Gayatri Spivak, Judith Butler, Julie Bettie, Kimberlé Crenshaw, Naomi Wolf, Rebecca Walker, Susan Faludi, entre outras.

O pensamento de Mary Wollstonecraft, Simone de Beauvoir e Carole Pateman

Nesta seção, vamos discutir os trabalhos de três feministas decisivas para a construção da teoria feminista ocidental. Primeiro, a escritora inglesa Mary Wollstonecraft (1759-1797), considerada por muitos a precursora do olhar feminista no mundo ocidental e uma das bases para o desenvolvimento da primeira onda do feminismo moderno, autora do clássico *Reivindicação dos direitos da mulher*, publicado em 1792 em meio à Revolução Francesa, da qual foi entusiasta. Segundo, discutiremos a obra da filósofa existencialista Simone de Beauvoir (1908-1986), notadamente seu livro *O segundo sexo*, de 1949, um clássico do pensamento feminista. Beauvoir cunhou a famosa frase e credo feminista: "Não se nasce mulher, torna-se mulher". Por fim, analisamos a obra *O contrato sexual* (1988), da filósofa inglesa Carole Pateman. Nessa obra, Pateman discute como a filosofia ocidental clássica discute o contrato social a partir de uma visão masculinizada.

Mary Wollstonecraft
e a *Reivindicação dos direitos das mulheres*

Uma defensora destemida de reformas políticas, Wollstonecraft (1759-1797) foi uma filósofa britânica que analisava as condições da mulher na sociedade a partir de um contexto marcado pela divisão das esferas público e privado provida pela primeira revolução industrial e que reduziu o papel da mulher na sociedade à esfera doméstica. Wollstonecraft foi uma das primeiras a reivindicar os "direitos das mulheres" e sempre inspirou polêmica.

Em resposta a Rousseau, que na obra *Emílio ou Da educação* (1762) sustentou que o papel das mulheres era ser esposa ou filha e que o temperamento as impediam de terem a mesma educação formal dos homens, Wollstonecraft escreveu a obra *Reivindicação dos direitos das mulheres* (1792), na qual critica os pensadores iluministas por conceberem a liberdade como um atributo limitado aos homens, uma vez que suas ideias subjugavam as mulheres, questionando sua racionalidade como limitada.

Assim, advogando pela emancipação feminina, Wollstonecraft analisa especialmente as mulheres brancas burguesas e afirma que elas eram desencorajadas de desenvolver o seu poder da razão. A sociedade, argumenta a filósofa, ensina às mulheres que elas devem ser dóceis, desempenhando o papel de "brinquedos dos homens", privilegiando o casamento e a família em detrimento de suas realizações pessoais e intelectuais. Wollstonecraft chocou ao afirmar que o casamento era uma forma de prostituição, visto que representava uma das únicas opções das mulheres burguesas para seu sustento. Nesse sentido, a melhoria da condição social abjeta das mulheres e a ascensão de uma geração revolucionária de mulheres racionais, livres, independentes e educadas dependia da reforma do sistema de ensino.

Wollstonecraft não discutia apenas temas relacionados ao gênero, mas também às demais questões candentes de sua época. Esse é um ponto importante do feminismo. Não é possível relegar as mulheres a discutir tão somente questões de gênero. Como veremos adiante, o feminismo nas RI discutiu os temas mais centrais da disciplina a partir do olhar de gênero.

Simone de Beauvoir e *O segundo sexo*

Simone de Beauvoir (1908-1986) foi uma filósofa francesa preocupada com os problemas da opressão e da corporificação das mulheres. Viveu sua vida como uma intelectual ativista e considerava seu trabalho um conjunto de análises sociais cujas ferramentas eram a filosofia fenomenalista e existencialista. O existencialismo está principalmente preocupado com as ideias de escolha, significado e os limites da existência. Em geral, os existencialistas acham que a existência humana não tem um significado predeterminado. Cabe a cada um usar a liberdade para agir no mundo. Já a fenomenologia está centralmente preocupada com a relação entre o mundo e o *self*. O fenomenologista discute com frequência a experiência vivida e sustenta que todo conhecimento é situado e dependente da experiência concreta. Beauvoir aplicou ambas as perspectivas filosóficas para pensar o papel e o lugar da mulher na sociedade.

Nesse contexto, a obra *O segundo sexo* (1944) pode ser compreendida como um trabalho de fenomenologia em que Beauvoir examina a interação entre o *self* feminino e um mundo construído a partir das dicotomias de gênero. O livro analisa como as ideias sociais da feminilidade moldam as experiências femininas concretas, relatando a experiência vivida por mulheres que desenvolvem uma mentalidade feminina dentro de um corpo feminino. Beauvoir não reivindicou que existe uma maneira específica e única a partir da qual as mulheres experimentam a si mesmas, seus corpos ou mentes. Em vez disso, sustenta que, na verdade, essa visão é prescritiva e facilmente encontrada em exemplos literários (D. H. Lawrence, Stendhal etc.) que constroem relatos biológicos da feminilidade, restringindo, assim, seus papéis sociais. Embora a descrição de Beauvoir dos corpos das mulheres possa parecer negativa no texto, ela descreve a experiência feminina de alienação em relação à compreensão de seus corpos sociais. Isto é, em relação a um corpo que é conhecido através da experiência de um mundo sexista que aliena a mulher de sua liberdade de decisão sobre seu corpo e destino.

Beauvoir cunhou frases que ficaram famosas. Em sua crítica à experiência de viver em um mundo sexista, Beauvoir argumentou que "a luta (ação) das mulheres sempre foi agitação meramente simbólica, elas só conquistaram aquilo que os homens sentiram que podiam conceder a elas". Ou ainda "não seria toda a história da mulher escrita pelos homens?". E, de fato, a indignação com a admissão tardia das mulheres à cidadania é um ponto que vem à tona logo na introdução de *O segundo sexo* com a irônica questão "Não são as garotas do harém mais felizes do que uma eleitora?".

No entanto, a frase mais famosa de Beauvoir em *O segundo sexo* mostra a influência da fenomenologia: "Não se nasce mulher, torna-se mulher". A autora sugere que não basta nascer mulher para ser mulher. É preciso se tornar mulher por meio das interações com o mundo, pela experiência vivida. A experiência concreta pode fazer com que a pessoa vivencie a feminilidade como algo real, no sentido de que existem certas expectativas reais sobre o comportamento das mulheres e que, uma vez internalizadas, dão sentido à compreensão do mundo pela ótica feminina. Beauvoir é clara sobre essa interação entre o *self* e o mundo, entre a experiência corporal e a compreensão do mundo. Para ela, a feminilidade pode ser entendida como um aspecto de realidade humana, mas não como natural ou inato. Trata-se de uma condição construída pela sociedade, tendo como base certas características fisiológicas que são impostas e limitadoras. A abordagem de Beauvoir sobre a importância da experiência vivida das mulheres é um dos ingredientes que mais tarde resultaria na "perspectiva do ponto de vista" que tratamos anteriormente.

Carole Pateman e *O contrato sexual*

Carole Pateman (1940-) é uma das teóricas feministas atuais mais importantes. Ela questiona a interpretação profundamente enraizada no pensamento político americano e britânico segundo a qual os direitos e liberdades individuais derivam do contrato social explicado por Locke, Hobbes e Rousseau e adotado nos Estados Unidos pelos seus pais fundadores. Na obra *O contrato sexual* (1988), Pateman demonstra como é contada apenas metade da história do contrato original que estabelece o patriarcado moderno. A dimensão de gênero desse contrato é ignorada e, portanto, o direito patriarcal dos homens sobre as mulheres é indiretamente assegurado pelos filósofos clássicos. Como definiu a autora, "a teoria do contrato com um olhar de gênero trata de expor a história não contada da construção da esfera pública e dos direitos individuais na modernidade a partir da posição das mulheres".

Para Pateman, nenhuma atenção é dada aos problemas que surgem quando as mulheres são excluídas do contrato original. Um dos principais alvos do livro são aqueles que tentam transformar a teoria contratualista como algo politicamente progressista. Para a autora, isso não é possível. Assim, aquelas feministas que buscaram um contrato mais "adequado" – um entre parceiros genuinamente iguais, ou um firmado sem qualquer coerção – estavam se enganando. Nas palavras da autora, "Na teoria do contrato, a liberdade universal é sempre uma hipótese, uma história, uma ficção política. O contrato sempre gera direito político nas formas de dominação e subordinação".

A filósofa oferece um amplo desafio aos entendimentos convencionais – tanto de esquerda quanto de direita – sobre os contratos reais na vida cotidiana – o contrato de casamento, o contrato de trabalho e o contrato de prostituição – e os aspectos da subordinação da mulher. Ao trazer uma perspectiva feminista para lidar com as contradições e paradoxos que cercam as mulheres e o contrato, e a relação entre os sexos, ela lança uma nova luz sobre os problemas políticos fundamentais de liberdade e subordinação.

O FEMINISMO EM RI: JEAN BETHKE ELSHTAIN, J. ANN TICKNER E CYNTHIA ENLOE

Nesta seção, discutiremos três das mais importantes feministas contemporâneas em Relações Internacionais. Primeiro, tratamos da obra de Jean Bethke Elshtain (1941-2013), filósofa e professora da Universidade de Chicago. No seu livro mais conhecido, *Women and War* (1987), Elshtain analisa os mitos em torno dos papéis sociais da mulher em guerras. Segundo, falamos daquela que é talvez a mais influente feminista em Relações Internacionais, J. Ann Tickner (1937-), professora da University of Southern California, que produziu inúmeros trabalhos a partir do olhar feminista para temas e narrativas políticas em RI. Como veremos, seu trabalho pode ser classificado como uma perspectiva da teoria do ponto de vista que discutimos anteriormente. Isso fica claro no seu livro mais influente, *Gender in International Relations: Feminist Perspectives on Achieving Global Security* (1992). Por fim, analisamos o belo livro de Cynthia Enloe (1938-) chamado *Banana, Beaches and Bases: Making Feminist Sense of International Politics* (1990). Nesta obra, a professora da Clarke University discute o que aconteceria com a compreensão da política internacional quando as experiências de vida das mulheres fossem tratadas como centrais para as análises. O que altera na compreensão das RI se as narrativas dominantes vissem as mulheres como protagonistas ao invés de coadjuvantes.

Jean Bethke Elshtain e as mulheres na guerra

Em seu livro de 1987, *Women and War*, em vez de fazer a pergunta usual "qual é a causa da guerra?", Elshtain está interessada em explicar como as justificativas para a guerra embutem percepções que estão relacionadas à construção de papéis sociais de gênero. Sua análise é focada nas razões pelas quais as mulheres não recebem a devida atenção na análise dos conflitos dentro da tradição anglo-americana de teoria de RI. Em essência, o livro é um relato histórico imaginativo dos mitos tradicionais que definem o relacionamento entre homens e mulheres e que determinam seus papéis na guerra e como as formas mais dominantes de explicar e justificar as guerras apagam as mulheres.

Elshtain mostra que mulheres historicamente apoiam e participam das guerras (tanto guerras imperialistas quanto guerras de libertação nacional) e regularmente lutam no campo de batalha, porém o fazem muitas vezes em nome do maternalismo. Ou seja, enviar filhos e filhas para a guerra é visto como uma atitude ou dever maternal patriótico. Lutar em guerras é encarado como uma forma de proteção materna da pátria. Para Elshtain, essa caracterização serve para reproduzir as formas adequadas de ser de homens e mulheres, principalmente o papel heroico e justo de homens que salvam e defendem mulheres e crianças indefesas (e, portanto, a nação).

Com a construção do Estado moderno, a masculinidade deixou de ser representada apenas pela chefia do lar, mas também pela necessidade de defender a família e o país. Como a autora observa, a "guerra é o meio pelo qual o homem obtém reconhecimento [...] passa no teste definitivo de masculinidade política. O homem é absorvido pela onda maior da vida política: fazer a guerra e defender o Estado". Por sua vez, a feminilidade envolve não apenas gerar e criar filhos, mas também servir, simbólica e literalmente, como objeto que requer proteção. Assim, os homens exercem seu papel em combate como "tomadores de vida", ao passo que as mulheres servem como mães ou, em outras palavras, "doadoras de vida". Assim, a narrativa dominante no Ocidente criou dicotomias que equalizam o conceito de feminilidade a uma *"beautiful soul"* (alma bonita ou pura) e o de masculinidade ao *"just warrior"* (guerreiro justo) ou *"compassionate warrior"* (guerreiro misericordioso), cujo objetivo é proteger as mulheres. No entanto, é a imagem das mulheres vistas como *"non-combatants many"* (as muitas que não combatem) que domina a narrativa ocidental sobre o papel das mulheres na guerra, embora histórias de mulheres guerreiras não faltem. Elas são as não combatentes que precisam ser protegidas.

Porém, Elshtain analisa mulheres reais que fogem desses mitos na experiência concreta da guerra. Nesse sentido, na segunda parte do livro, a autora demonstra que certas identidades sistematicamente rompem com as fáceis distinções de gênero. Por exemplo, os "machos pacíficos" que eram contestados por "fêmeas belicosas" na Inglaterra da Primeira Guerra Mundial, quando estas distribuíam penas brancas (simbolizando covardia) aos homens que não usavam uniformes militares em público. O contraste dos mitos dicotômicos das narrativas dominantes com as mulheres reais que participaram efetivamente de guerras serve para desestruturar as narrativas e mostrar um conhecimento gerado a partir da experiência feminina.

Em suma, o valor do livro *War and Women* está em seu retrato inovador dos problemas teóricos e conceituais em relação os papéis de gênero nos estudos sobre a guerra na cultura ocidental. É interessante que Elshtain explora as ambiguidades da construção de gênero e a diversidade das experiências vividas na guerra tanto por mulheres como por homens. Ela rejeita a visão de que as mulheres são inerentemente mais pacíficas ou que se houvesse mais mulheres em cargos de poder o mundo seria um lugar mais pacífico. Elshtain aponta que muitas mulheres em cargos de liderança, tais como a rainha Elizabeth I e Margaret Thatcher, provam que não.

J. Ann Tickner e os estudos sobre segurança em RI

J. Ann Tickner é conhecida pelo seu livro *Gender in International Relations: Feminist Perspectives on Achieving Global Security* (1992), o qual mostra como o campo das Relações Internacionais tem viés de gênero, marginalizando as vozes das mulheres. Assim como Elshtain, Tickner argumenta que o realismo associa a nação e a cidadania ao serviço militar com características masculinas. Assim, seus trabalhos sobre segurança internacional são uma resposta à falha da disciplina de RI em reconhecer adequadamente a importância das questões de gênero.

Tickner sustenta que o feminismo é necessário para que as RI tenham uma visão mais completa da sociedade, ao mesmo tempo em que aponta para os parâmetros de RI como antitéticos às demandas políticas e éticas do feminismo. RI precisa passar por uma grande revolução conceitual para poder dar conta das questões de gênero. Ao analisar o realismo e o marxismo, a autora sustenta que ambas as teorias foram construídas a partir de valores políticos masculinizados, tais como autonomia, independência e poder. Por exemplo, a noção liberal de indivíduo racional é totalmente construída a partir da experiência masculina, ao passo que a visão de classe do marxismo é focada no homem, sem observar que a dominação não se resume à vida pública e aos meios de produção, mas também às famílias e ao âmbito privado onde as mulheres sofrem mais que homens.

Tickner critica a "masculinidade hegemônica" na disciplina. Afirma que a política internacional é uma esfera de atividade completamente masculinizada e que as vozes das mulheres são consideradas inautênticas. Os valores e as premissas que conduzem o sistema internacional contemporâneo estão intrinsecamente relacionados aos conceitos de masculinidade; privilegiar esses valores restringe as opções disponíveis para os Estados e seus formuladores de políticas.

Uma das principais contribuições de autora é seu olhar multidimensional sobre segurança e violência. Para ela, as perspectivas feministas sobre segurança assumem que, quando se trata de violência, os âmbitos internacional, nacional e familiar são fatores interconectados. A violência familiar deve ser vista em um contexto de relações de poder mais amplas, pois ocorrem em sociedades em que o poder masculino domina em todos os níveis. Qualquer definição feminista de segurança deve, portanto, abarcar a eliminação de todos os tipos de violência, incluindo a violência produzida por relações de gênero que refletem dominação e subordinação em qualquer esfera, inclusive a privada.

Para a autora, a conquista da paz é inseparável da superação das relações de dominação e subordinação; a segurança genuína requer não apenas a ausência de guerra, mas também a eliminação de relações sociais injustas, incluindo desiguais relações de gênero. As organizações militarizadas tendem a definir segurança como ausência de conflito aberto, enquanto as mulheres comuns tendem a defini-la como a segurança dentro de sua própria casa ou em um campo de refugiados; sentir-se segura o suficiente para andar pelas ruas sem medo de ser abusada sexualmente. Para as mulheres, segurança não é apenas a ausência de conflito aberto, mas sim ausência de violência, seja militar, econômica ou sexual.

Cynthia Enloe e a exclusão da experiência das mulheres

O trabalho de Cynthia Enloe se preocupa em estudar as mulheres e o papel do gênero em casos reais e concretos como forma de apontar os limites das teorias dominantes no campo das RI. Embora tenha se tornado padrão dividir o campo das Relações Internacionais entre diferentes paradigmas, Enloe argumenta que nenhum deles é adequado para explicar o papel do gênero na construção da identidade política e examinar seus efeitos nas Relações Internacionais.

Nesse sentido, o livro de Cynthia Enloe, *Bananas, Beaches and Bases*, revolucionou a forma como as Relações Internacionais pensam o conflito e o militarismo ao insistir que os estudiosos da violência e da guerra deveriam reconhecer que o "pessoal é internacional" e que o "internacional é pessoal". Ou seja, circunstâncias pessoais que envolvem violência podem parecer, à primeira vista, circunscritas ao doméstico e ao âmbito nacional, mas Enloe mostra que nem sempre é assim. A observação de Enloe sobre o relacionamento entre o internacional e o pessoal fez com que pesquisadores começassem a olhar para lugares aparentemente estranhos e incomuns para entender a militarização da política e da sociedade e suas causas e conexões internacionais.

Enloe argumenta que o analista que não presta atenção na vida das pessoas afetadas pela violência – especialmente as mulheres – não pode entender plenamente como essas relações sociais, políticas e econômicas internacionais são frequentemente negociadas nas interações diárias entre os militares e a comunidade. O problema da análise que usa exclusivamente os paradigmas dominantes de RI (realismo, por exemplo) reside no fato de que o a bússola convencional, que tem a vã pretensão de ser neutra na questão de gênero, aponta invariavelmente para um mapa cuja paisagem é povoada apenas por homens, principalmente homens de elite. O olhar masculinizado das teorias dominantes apaga as mulheres e, ao apagá-las deixa de compreender o feixe complexo de dimensões que ajudam a entender o problema em análise na sua totalidade. Excluir significa limitar a compreensão.

Assim, a obra de Enloe mostra como as Relações Internacionais são restringidas e limitadas pelos paradigmas dominantes. Isto é, os horizontes intelectuais que ajudam a definir o que se considera relevante acabam por excluir mais do que incluir. O que conta como *relevante* é definido por paradigmas que geram regras de exclusão. Essas regras muitas vezes não são ditas e claras, pois são aprendidas no processo de socialização de um acadêmico em uma disciplina dominada por estudiosos do sexo masculino. Aquilo que é excluído pelos paradigmas de RI, segundo Enloe, são exatamente a experiência e o olhar das mulheres sobre temas internacionais. O fato de este livro mencionar a primeira autora apenas no capítulo sobre o feminismo já demonstra como os homens dominam o campo das RI.

Em *Bananas, Beaches and Bases*, Enloe parte de uma questão simples para chegar a conclusões complexas: o que acontece com a compreensão e o entendimento da política internacional se incluirmos as experiências de vida das mulheres como algo central na análise? Para responder a essa questão, Enloe analisa sete arenas onde há um forte viés de gênero nos modelos de explicação que acabam excluindo a experiência concreta das mulheres: as esposas dos diplomatas; as alianças militares geoestratégicas simbolizadas por bases militares; o papel das profissionais do sexo; o turismo internacional; as comissárias de bordo; as trabalhadoras domésticas globalizadas; e as mulheres que trabalham no mercado internacional da banana e de têxteis.

Em cada capítulo, Enloe busca desvelar o silêncio das mulheres silenciadas pelos analistas, mas que foram decisivas para os acontecimentos políticos. Segundo a autora, um dos benefícios intelectuais mais importantes ao se prestar atenção em onde as mulheres se localizam na imensa cadeia de poder da política internacional, e investigar como elas chegaram lá e o que elas pensam sobre estar lá, acaba expondo a operação do poder político de uma maneira muito mais complexa do que os analistas sem curiosidade de gênero nos fariam acreditar. Isto é, o poder opera em muitas dimensões e as mulheres são pontos nodais dessas múltiplas dimensões, tal como os homens, e não olhar para suas experiências e seu olhar sobre o mundo limita o entendimento da realidade. Ser feminista é ser epistemológica e ontologicamente mais completo.

Teoria *queer*

A teoria *queer* é uma das áreas mais promissoras e inovadoras das ciências sociais. Os estudos na área mudaram como entendemos aspectos relacionados ao sexo, sexualidade e gênero. Embora a teoria *queer* possa ser reconhecida por muitos como uma disciplina acadêmica relativamente estabelecida, ela continua a lutar contra os efeitos da camisa de força da institucionalização acadêmica que impede novas áreas surgirem. Em Relações Internacionais isso é muito claro. Poucos são os espaços para os estudos *queer* nas revistas e editoras mais conceituadas da disciplina. Em uma análise dos principais manuais de teorias de RI das três últimas décadas, a teoria *queer* simplesmente não é citada ou sequer mencionada (Burchill et al, 1995; Viotti e Kauppi, 2012; Carlsnaes et al, 2013; Jørgensen 2018). O mesmo vale para o principal manual brasileiro (Nogueira e Messari, 2005). Enquanto o feminismo aparece em todos os manuais, ainda que de maneira incidental ou compartimentalizada, a teoria *queer* não recebe menção nem mesmo quando se fala de gênero. A origem e a força da teoria *queer* nas ciências sociais se encontram em outras disciplinas e contextos.

Uma série de fatores contribuíram para a emergência da teoria *queer* no fim da década de 1980 e início de 1990. O maior engajamento político na questão do HIV/aids e a criação de alianças políticas entre lésbicas e gays ao redor do mundo para combater os preconceitos contra a doença colocou na pauta política a questão da sexualidade. O próprio termo "*queer*", cuja origem na língua inglesa é pejorativa (literalmente, significa "estranho"), transformou-se na bandeira dos movimentos pela igualdade de direitos das pessoas LGBTQIA+. Alia-se a isso o advento das teorias críticas e interpretativas nos anos 1990 e o crescimento das teorias feministas que propiciaram um ambiente político e intelectual para a articulação de uma verdadeira teoria *queer*.

É importante lembrar que o desenvolvimento dessa teoria também é relacionado a uma resposta crítica às teorias feministas no tema da sexualidade. As primeiras análises *queer* viam nas feministas uma certa limitação por conta de uma ênfase excessiva na discussão do gênero e propunham um olhar mais voltado à sexualidade e à questão performática do que gênero propriamente.

Mas o que significa a teoria *queer* em Relações Internacionais? Por que estudar teoria *queer* em Relações Internacionais faz parte da tradição das teorias interpretativas em desvelar aquilo que está por trás das teorias dominantes em RI? Os estudos *queer* têm afinidade com feminismo e estudos de gênero ao analisarem a política que está por trás de gênero, sexo e sexualidade, além de estar próximo a estudos pós-estruturalistas e das teorias interpretativas para os quais "o político" tem significados múltiplos e abertos. Ainda assim, um olhar *queer* extrapola essas perspectivas e aborda gênero e sexualidade de forma diferente do feminismo.

Não há dúvida de que a teoria *queer* é uma área relativamente nova em Relações Internacionais. Os seus primeiros estudos surgiram em RI apenas nos anos 2000 com os trabalhos de Cynthia Weber, V. S. Peterson, Lauren Wilcox, Laura Sjoberg, entre outras. Isso não significa que os estudos *queer* não tratassem de temas típicos de RI. Pelo contrário, o fenômeno da globalização transformou-os, concentrados na Sociologia e Psicologia, em estudos *queer* globais (*global queer studies*). A teoria *queer* fora da disciplina de Relações Internacionais tem sistematicamente produzido abordagens relevantes sobre o funcionamento global de problemas como raça, transnacionalismo, conflitos entre capital e trabalho, diáspora, imigração, cidadania, entre outros. Além disso, as contribuições da teoria *queer* para as duas áreas indiscutivelmente centrais em Relações Internacionais – guerra e economia política internacional – são regularmente publicadas em revistas científicas e editoras de primeira linha. Porém, esses estudos não aparecem em revistas de Relações Internacionais. Ao contrário do feminismo, que já se estabeleceu como teoria e possui uma revista exclusiva para seus estudos em RI, a teoria *queer* ainda é pouco estudada pela disciplina e não possui uma revista exclusivamente voltada para a abordagem. É um campo aberto à pesquisa em RI e que precisa expandir, notadamente a partir do Sul global.

Para dar conta da literatura básica dessa área ainda em construção nas RI, este capítulo se divide em quatro seções. Nas duas primeiras, discutiremos as premissas e os principais conceitos da teoria *queer*. Na terceira parte, abordaremos a obra de duas pensadoras centrais para a constituição da teoria *queer* em ciências sociais: Eve Kosofsky Sedgwick e Judith Butler. Na quarta parte, discutiremos os trabalhos das duas autoras mais relevantes para a teoria *queer* em RI: Cynthia Weber e V. S. Peterson. Os trabalhos de Michel Foucault também são fundamentais para a teoria *queer*, mas já tratamos do autor no capítulo sobre pós-modernismo, o que mostra quão próximas são teoria *queer*, feminismo e pós-modernismo.

As premissas do pensamento *queer*

Os estudos *queer* têm três premissas cujo objetivo é construir uma verdadeira epistemologia *queer*. *Primeiro*, desde sua formação como um campo acadêmico, os estudos *queer* questionam a uniformidade das identidades sexuais mostrando como a diversidade sexual e de gênero desfaz identidades fixas, tais como gays, lésbicas e heterossexuais. Isso levou a teorizações sobre sexualidade e gênero como algo flexível, muitas vezes antinormativo e politizado. A maior parte desse trabalho envolve pensar em sexo, sexualidade e suas performances em um ambiente pessoal, institucional ou de escala nacional.

Segundo, a sexualidade não é natural, mas algo construído discursivamente que é experimentado e compreendido em contextos culturais historicamente específicos. Não há um relato verdadeiro ou correto da heterossexualidade, homossexualidade, bissexualidade e assim por diante. As categorias que definem tipos específicos de relações e práticas são cultural e historicamente específicas e não operaram em todas as culturas ao mesmo tempo. Em suma, a teoria *queer*, dentro da tradição das teorias interpretativas e críticas, procura desnaturalizar entendimentos e compreensões heteronormativas de sexo, gênero e sexualidade, mostrando como essas noções são social e discursivamente construídas.

Terceiro, sexo e sexualidade são performáticos. Em seu texto seminal, *Problemas de gênero: feminismo e subversão da identidade* (1990), Judith Butler argumenta que gênero não é algo natural ou inato, mas sim uma construção social que serve a propósitos e instituições particulares. Para a autora, o sexo é o efeito performativo de atos reiterados pelo corpo que são repetidos através de uma estrutura regulatória altamente rígida (heteronormatividade, por exemplo – conceito explicado a seguir) que congela, ao longo do tempo, uma aparência de substância, de um tipo natural de ser. Em outras palavras, ao invés de serem expressões de uma identidade inata, os atos e gestos que são aprendidos e são repetidos ao longo do tempo criam a ilusão de algo inato e estável. Esses atos são performativos no sentido de que a essência ou identidade que de outra forma pretendem expressar são fabricações sustentadas por meio de signos corporais e meios discursivos. O fato de o corpo ser performático sugere que não há um *status* fixo e separado dos vários atos que constituem a sua realidade. Nós somos, sexualmente falando, aquilo que os gestos da nossa performance indicam.

No quadro que segue resumimos as três premissas básicas da teoria *queer*:

Os estudos *queer* questionam a uniformidade das identidades sexuais	
A sexualidade não é natural, mas algo construído discursivamente e experimentado e compreendido em contextos culturais historicamente específicos	O sexo é o efeito performativo de atos reiterados pelo corpo que são repetidos através de uma estrutura regulatória altamente rígida que dá uma aparência de substância

CONCEITOS CENTRAIS DO PENSAMENTO QUEER

A ontologia dos estudos *queer* tem pelos menos três conceitos centrais: *queer*, heteronormatividade e interseccionalidade. O *primeiro* e, obviamente, mais importante é o conceito de *queer*. O que isso significa? É comum atribuir à acadêmica e poeta Eve Kosofsky Sedgwick a descrição do termo. Para a autora (1993), *queer* significa "as possibilidades abertas, lacunas, sobreposições, dissonâncias e ressonâncias, lapsos e excessos de significado em relação ao conjunto de elementos que constituem o gênero, porque a sexualidade de uma pessoa não é feita (ou não pode ser feita) monoliticamente". A visão de Sedgwick sobre o que significa *queer* deixa claras as afinidades que os estudos *queer* têm com os estudos feministas, pós-estruturalistas e pós-modernistas. Os estudos *queer* são uma tentativa de repensar o sexo e a sexualidade de novas maneiras, em outros lugares e de outras formas.

Assim, o conceito de *queer* – nos termos de Eve Kosofsky Sedgwick – aponta para uma recusa ou uma incapacidade de entender o sexo, o gênero e a sexualidade monoliticamente. As subjetividades *queer* excedem as lógicas binárias e excludentes. São subjetividades que dão significado a mais do que apenas um sexo, gênero e/ou sexualidade, e muitas vezes o fazem ao mesmo tempo. Em suma, *queer* é, por definição, tudo o que está em desacordo com o normal, legítimo ou dominante. É uma identidade sem essência.

Segundo, a heteronormatividade são normas sociais que regulam a vida social tendo como base a premissa da heterossexualidade dos indivíduos. A heterossexualidade não deve ser considerada simplesmente uma forma de expressão sexual. A heteronormatividade define não apenas uma prática sexual normativa, mas também um modo de vida normal. A heterossexualidade não é apenas uma chave da intersecção entre gêneros e sexualidade, mas também é aquela que revela as interconexões entre os aspectos sexuais e não sexuais da vida em sociedade. A heterossexualidade é, por definição, uma relação de gênero que ordena não só a vida sexual, mas também as divisões doméstica e pública, de trabalho e família na sociedade. Assim, a heterossexualidade, embora dependa da exclusão ou marginalização de outras sexualidades para manter sua legitimidade e domínio, não é precisamente coincidente com a sexualidade heterossexual. É maior do que isso. É a criadora das normas sociais que regulam todos os campos da vida social, excluindo as normatividades que não se encaixam nos seus restritos padrões.

Terceiro, os estudos *queer* trabalham com o conceito de interseccionalidade, isto é, a identidade de uma pessoa não é apenas a soma de suas partes. Simplesmente somar suas identidades não é igual à identidade única. Múltiplas identidades e experiências interagem e mutuamente constroem a identidade que é múltipla, fluida e complexa. Em geral, aqueles indivíduos com múltiplas identidades constantemente as formam e reformam, demonstrando poder de agência na criação de suas próprias identidades ao resistir à normatividade imposta pela sociedade.

Os teóricos da interseccionalidade destacam as múltiplas opressões que sofrem as pessoas com múltiplas identidades marginalizadas. Múltiplas identidades de raça, gênero, sexualidade e classe existem juntas e se cruzam, criando lutas e experiências para aqueles com múltiplas identidades marginalizadas. As pessoas de identidades múltiplas se encontram nas fronteiras de comunidades às quais pertencem e não pertencem simultaneamente.

O quadro a seguir resume três principais conceitos da teoria *queer*:

Queer	Heteronormatividade	Interseccionalidade
Recusa em entender sexo, gênero e sexualidade monoliticamente	A heteronormatividade são normas sociais que regulam a vida social tendo como base a heterossexualidade dos indivíduos	A identidade de uma pessoa não é simplesmente a soma de suas partes. Múltiplas identidades e experiências interagem e mutuamente constroem a identidade que é múltipla, fluida e complexa

O PENSAMENTO DE EVE KOSOFSKY SEDGWICK E JUDITH BUTLER

Nesta seção, tratamos de duas autoras centrais para o pensamento *queer* ocidental: Eve Kosofsky Sedgwick e Judith Butler. A acadêmica e poeta americana Eve Sedgwick (1950-2009) foi pioneira no campo da teoria *queer*, ajudando a fundá-la. Publicou vários livros considerados clássicos, dentre ele podemos destacar o famoso *Epistemology of the Closet* (1990). Já a filósofa americana Judith Butler (1956-), professora da Universidade de Berkeley, pode ser vista como a mais influente autora contemporânea dos estudos *queer*. Publicou dezenas de artigos e livros, sendo suas obras mais influentes os livros *Problemas de gênero: feminismo e subversão da identidade* (1990) e *Corpos que importam: os limites discursivos do sexo* (1993). Ambas as autoras ganharam o Brudner Prize da Universidade de Yale. Trata-se da premiação acadêmica mais relevante para os estudos LGBTQIA+.

Eve Kosofsky Sedgwick e a epistemologia do armário

Eve Sedgwick publicou seu texto *queer* mais marcante, *Epistemology of the Closet*, em 1990. Geralmente visto como uma obra de teoria literária, trata-se de um verdadeiro *tour de force* intelectual e interdisciplinar. O livro foi escrito como um trabalho de "investigação anti-homofóbica" dentro dos estudos literários gays da época. Sedgwick afirma no texto que a homossexualidade é crucial para uma série de binários contraditórios fundamentais para se entender a modernidade ocidental. Esse forte argumento de que o significado da homossexualidade deveria ser entendido dentro de algo tão grandioso como a "modernidade ocidental" foi, sem dúvida, o que catapultou Sedgwick para a proeminência dentro da teoria *queer*.

O livro mostra quão incoerente são as construções modernas sobre a homossexualidade. Para entender o debate em torno do tema, Sedgwick aborda uma discussão conceitual que ocupou tempo e energia entre os acadêmicos nos anos 1980: o valor relativo dos estudos "essencialistas" *versus* "social-construtivistas" sobre a homossexualidade. A posição essencialista defende que identidades baseadas na escolha de objetos do mesmo sexo sempre existiram em todos os períodos e comunidades ao longo da história. Há algo constante nessa orientação independentemente do período histórico. Os social-construtivistas, por sua vez, argumentam que é impossível comparar indivíduos que experimentavam desejo pelo mesmo sexo antes da criação do rótulo de homossexual com indivíduos que viveram depois que essa categoria já tinha adquirido solidez social. O rótulo de homossexual estabelecido pela heteronormatividade foi construído apenas em meados do século XIX e homossexuais como entendido hoje só poderiam existir socialmente após essa invenção conceitual.

No entanto, Sedgwick sustenta que ambas as correntes são úteis para pensar a posição social do homossexual. No livro, a autora cobre o surgimento da homossexualidade como uma identidade codificada em contraposição ao heterossexual desde a virada do século XX até os anos 1980. Nunca antes desse período as identidades sexuais tinham sido fixadas e atribuídas a indivíduos de uma forma comparável. Os binarismos não eram tão octogonais e foi no fim do século XIX e início do XX que essa forte dicotomia começou a ser criada no mundo ocidental. Sedgwick é especialmente incisiva ao discutir a construção aparentemente arbitrária da sexualidade moderna em categorias binárias. De acordo com a autora, é bastante surpreendente o fato de que, das muitas dimensões que marcam o interesse sexual de uma pessoa por outra (dimensões que incluem preferência para certos atos, certas zonas ou sensações, certos tipos físicos etc. etc. etc.), apenas uma delas – o gênero do objeto de interesse sexual – tenha surgido e permaneceu como a categoria onipresente de "orientação sexual". Como Sedgwick deixa claro, é apenas por meio da criação da categoria de "homossexual" que surgiu o "heterossexual". Depois de mais de um século de discursos, procedimentos médicos, leis e tratamentos psiquiátricos, essas categorias passaram a ter significados diametralmente opostos. O objetivo de Sedgwick é expor, portanto, a dependência de uma posição heterossexual privilegiada mediante a existência de um homossexual subordinado.

Além disso, Sedgwick afirma que existe uma conexão entre a dicotomia homo-hétero e outros binarismos modernos: privado e público, sigilo e transparência, conhecimento e ignorância, masculino e feminino. Por exemplo, ela discorre sobre o binarismo conhecimento *versus* ignorância e sugere que a ignorância define os termos do conhecimento, assim como a homossexualidade define os termos do seu oposto. A divisão homo-hétero é trabalhada no capítulo em que a autora discute o "armário". Ela detalha o caso de Joe

Acanfora, um ativista abertamente gay que travou uma batalha jurídica nas cortes de Maryland dos anos 1970 para se tornar professor do ensino primário. Ele foi aprovado no processo seletivo, mas não foi empossado porque assumiu ser gay na entrevista de emprego. De acordo com o juiz de primeira instância, ele perdeu o processo não porque era gay, mas porque decidiu tornar sua batalha pública ao aparecer no programa *60 Minutes* da CBS. O Tribunal Recursal sustentou essa decisão dizendo que o fato de ele ser gay não era um problema, mas sim o fato de ter dito a seus empregadores que era gay antes da contratação. A corte indiretamente dizia que Joe Acanfora deveria voltar "para o armário". A Suprema Corte dos EUA não aceitou o recurso e Joe Acanfora não pôde assumir seu posto como professor. Isto é, a homossexualidade aberta de Joe Acanfora construiu os contornos da heteronormatividade que agiu rapidamente para enquadrá-lo. Tudo bem ser gay, desde que dentro do "armário".

Judith Butler e *Problemas de gênero*

A obra de Judith Butler se estende por dezenas de livros e artigos. Os livros mais influentes são *Problemas de gênero: feminismo e subversão da identidade* (1990) e *Corpos que importam: os limites discursivos do sexo* (1993). O argumento central de Butler no livro *Problemas de gênero* é de que gênero e sexo não são naturais, mas performáticos. Inicialmente, o livro contribuiu para os debates dentro do feminismo sobre como realizar uma análise feminista criticando todos os tipos de essencialismos, fundamentalmente aqueles dentro da categoria "mulher". Em *Problemas de gênero*, Butler argumenta que gênero é uma performance cultural impulsionada pela heterossexualidade compulsória, e que, como tal, é performativo. Ou seja, o gênero é definido pelos seus atos e não por uma essência prévia. Em vez de expressar algum núcleo interno ou identidade preexistente, os atos reiterados de gênero produzem apenas uma ilusão de essência. Assim, há um aspecto temporal para a performance, uma vez que envolve a repetição ritualizada de convenções que são moldadas pela heterossexualidade compulsória. Ela se refere a essas repetições como "performances sociais sustentadas" que criam a realidade fictícia de gênero.

O objetivo de Butler é estabelecer uma genealogia crítica dos binarismos que constroem e estruturam as categorias de sexo, gênero, sexualidade, desejo e corpo. Butler mostra que essas categorias são produtos fictícios de certos regimes de poder e conhecimento que se manifestam por meio de um discurso hegemônico, geralmente associado à heteronormatividade. Por consequência, essas categorias não são efeitos naturais do corpo. Pelo contrário, são ficções no sentido de que não preexistem aos regimes de poder e conhecimento.

O famoso uso que Butler faz da *drag queen* como a figura que revela, subversivamente, a performatividade de todos os gêneros é central para entender a proposta da autora sobre como entender gênero. Isto é, Butler mostra que a aparente solidez da estrutura binária de gênero é, na verdade, uma ilusão que deriva de performances reiteradas de ideais de gênero. As *drag queens* rompem com esses binarismos e mostram que a identidade de gênero deve ser pensada como uma performance fluida e não estanque. Em *Corpos que importam*, Butler mostra que as *drags* têm uma função subversiva na medida em que refletem, por meio de suas personificações, como a heteronormatividade é idealizada. Elas minam o poder aparentemente virtuoso da heterossexualidade compulsória.

Assim, Butler quer mostrar que essas categorias aparentemente fundamentais são, na verdade, produtos culturais que criam o efeito do natural, do original, do inevitável. Contudo, desnaturalizar essas categorias é apenas um aspecto da genealógica crítica dos binarismos que ela propõe. Outro objetivo importante é desestabilizar os regimes de verdade que os produzem como natural. Para a autora, a tarefa da investigação crítica de gênero é descentrar as instituições obrigatórias da heterossexualidade. Ela revela que essa heterossexualidade, e o sistema binário em que é baseada, até pode ser obrigatória, mas também é permanentemente instável. Mostrar essa instabilidade abre o espaço para a mudança.

Em suma, o legado de Butler está no método *queer* de análise, emprestado das teorias críticas e interpretativas, de questionar e subverter os padrões binários de interpretação da vida social. Sua proposta coloca mais peso analítico nas performances, na fluidez e na subversão que questionam sistemas sociais previamente estabelecidos em torno de uma natureza de gênero ilusória.

QUEER IR: CYNTHIA WEBER E V. SPIKE PETERSON

Nesta seção, vamos analisar as duas principais autoras *queer* das Relações Internacionais dos últimos dez anos: Cynthia Weber e V. Spike Peterson. Cynthia Weber (1961-) é professora da Universidade de Sussex e doutora pela Universidade do Arizona. Publicou diversos artigos e livros na temática *queer*, sendo o mais importante o *Queer International Relations: Sovereignty, Sexuality and the Will to Knowledge* (2016). V. Spike Peterson é professora do Departamento de Estudos sobre Gênero na Universidade do Arizona. Sua pesquisa e ensino são interdisciplinares, com foco na intersecção entre gênero e teoria das Relações Internacionais, economia política global e teoria social contemporânea. Seus principais trabalhos no tema *queer* são os artigos "Transgressing Boundaries: Theories of Knowledge, Gender and International Relations" (1992) e "The Intended and Unintended Queering of States/Nations" (2013).

Cynthia Weber e a teoria *queer* em RI

Como mostramos na introdução deste capítulo, a chegada do pensamento *queer* em Relações Internacionais é tardia. Somente nos anos 2000 começaram a surgir de uma maneira mais consistente artigos e livros em RI sobre a temática. Foi apenas recentemente que as principais revistas de RI começaram a publicar pesquisas *queer* em número considerável, mostrando o lento, porém constante, adensamento das pesquisas. Assim, o *momentum* do *queer IR* nos últimos anos mostrou ser inconcebível pensar os mais diversos temas das relações internacionais contemporâneas sem uma sólida teoria *queer* desenvolvida para a disciplina.

Em seu livro mais importante, *Queer International Relations: Sovereignty, Sexuality and the Will to Knowledge* (2016), Weber propõe inserir o homossexual e a homossexualidade no centro das análises de Relações Internacionais. Ela analisa gênero e sexualidade nas RI tendo como base os trabalhos de Michel Foucault, Richard Ashley e Judith Butler buscando desconstruir os conceitos que criam dicotomias hierarquizadas dentro de um sistema de poder e conhecimento nas RI.

Segundo Weber, analisar as RI sob a ótica *queer* torna as investigações de atores, ordens e relações expressas no âmbito internacional mais complexas porque desafiam os binarismos usuais da disciplina, tais como anarquia e ordem, doméstico e internacional, normal e perverso. Utilizar o olhar *queer* para analisar a arte de governar como algo heteronormativo não permite apenas novos olhares, mas desestabiliza visões preestabelecidas sobre assuntos, espaços, temporalidades e fundamentos da arena internacional. Dessa forma, para Weber é possível extrapolar a lógica binária das principais leituras em Relações Internacionais e buscar uma interpretação plural e consistente com infinitas possibilidades identitárias do campo de gênero e sexualidade *queer*. Essa lógica plural segue a definição de *queer* de Eve Sedgwick vista anteriormente, cujo centro é mostrar que a sexualidade não é monolítica.

Um dos maiores exemplos desta forma *queer* de ser que rompe com as lógicas binárias de RI é o capítulo em que a autora analisa a vencedora do concurso Eurovision Song Contest de 2014, um importante concurso de calouros da Europa. A vencedora é a *drag queen* Conchita Wurst, que também se refere a si mesma como 'ele' e usa o nome Tom Neuwirth. O indivíduo Wurst/Neuwirth rompe com a lógica binária e com a arte de governar como algo exclusivo da heteronormatividade (*statecraft as mancraft*). Isto é, um indivíduo que se autoidentifica como o "homossexual" Tom Neuwirth e como a barbuda *drag queen* Conchita Wurst quebra a lógica binária da heteronormatividade e do "homossexual normal e/ou perverso". No seu discurso da vitória, Wurst/Neuwirth declara "*We are unity, and we are unstopabble*" ("Nós somos unidade e imparáveis"). Ao afirmar sua identidade não conformativa e plural, Wurst/Neuwirth acaba rompendo com a lógica do *statecraft as mancraft*.

Para Weber, o exemplo de Neuwirth/Wurst torna possível repensar por completo o que significa o processo de integração europeia e o que uma "Europa integrada" pode se tornar. Uma Europa multinacional e plural. Enquanto para o nacionalista russo Vladimir Zhirinovsky, Neuwirth/Wurst significava "o fim da Europa porque já não há homens e mulheres. Eles (Europa) têm 'isso'", para Weber a figura de Neuwirth/Wurst inspirou opiniões tão fortes não porque ele/ela pode ser lida como alguém exclusivamente normal ou perversa (lógica binária), mas porque também pode ser lida como normal e perversa ao mesmo tempo. O nome Conchita Wurst combina a gíria espanhola para vagina (*conchita*) com a palavra alemã salsicha (*wurst*) e lidas juntas formam a gíria austríaca para "é tudo igual para mim". Dentro de um olhar para as RI, Weber sustenta que Neuwirth/Wurst também pode ser lida como normal e/ou perversa em temas como nacionalidade (onde Neuwirth/Wurst é austríaco e/ou alemão e/ou colombiano) e civilização (onde Neuwirth/Wurst é indígena e/ou hispânico e/ou europeu). Esse é apenas um dos exemplos nos quais a pluralidade identitária permitida pelo olhar *queer* coloca em xeque os binarismos excludentes que formam as teorias dominantes em RI.

V. Spike Peterson e *Queering States*

Logo nas primeiras frases do seu artigo "The Intended and Unintended: Queering States/Nations" (2013), Peterson não deixa dúvidas a que veio: "Caracterizar algo como 'natural' nega sua história e apaga sua política". Seu objetivo no artigo é pensar a história da formação do Estado a partir das lógicas binárias que reificam e sustentam o patriarcado. Para ela, "fazer Estados é fazer sexo". Fazer ambos envolve múltiplas interações e transformações na relação entre *self*/sujeito e identidades coletivas, sistemas simbólicos de significado e arranjos institucionais que são coercitivos. Uma vez que os Estados são "feitos" com sucesso, eles monitoram a reprodução biológica e social dos indivíduos para garantir sua continuidade. Isso tem historicamente caracterizado a instituição da família patriarcal como o fator socioeconômico básico dos Estados, regulando assim a reprodução biológica das mulheres e o policiamento das atividades sexuais mais gerais.

Na tradição ocidental (cuja origem se encontra nas cidades-Estados gregas), a centralização do poder estatal envolveu "normalizar" dicotomias fundamentais (público-privado, razão-afeto, mente-corpo, cultura-natureza, civilizado-bárbaro, masculino-feminino) tanto materialmente (divisões de autoridade, poder, trabalho e recursos), como conceitualmente (ideologias justificativas, sistemas de crenças coletivas). Como a criação de Estado também envolveu a invenção da escrita, essas transformações e dicotomias sistêmicas foram sendo codificadas, e essa codificação (na filosofia ocidental, teoria política, clássico e textos religiosos) moldou profundamente a teoria e as práticas subsequentes.

Um dos aspectos dessa regulação para o qual a autora chama a atenção é a fusão entre nacionalismo, militarismo e heterossexualidade. A construção do Estado na Europa foi estimulada principalmente por objetivos militares: a classe política impulsionou processos centralizadores de acumulação para pagar aos homens e comprar equipamentos para lutar em guerras. Um dos efeitos da centralização do Estado foi a expansão político-econômica imperialista que exigia um fornecimento confiável de homens dispostos a proteger (como soldados) e administrar (como funcionários públicos) os governos coloniais. A lealdade do homem heterossexual ao Estado tornou-se crucial para a manutenção e a expansão desse Estado. Na verdade, em uma boa parte dos Estados modernos os "homossexuais" (e mulheres) foram excluídos do serviço militar. A reação aos desafios recentes a essa exclusão expõe quão arraigadas são as premissas heterossexuais que sustentam a masculinidade hegemônica. Como as Forças Armadas são um local de união homossocial celebrada (porque não sexual), os militares oferecem aos homens uma oportunidade relativamente única de experimentar a intimidade e a interdependência entre si. Para muitos, a entrada dos homossexuais abalaria essa confortável proteção da homossociabilidade.

A autora argumenta ainda que a normalização das relações patriarcais nos primeiros Estados instituídos – via a transmissão heteronormativa de direito de nascimento, filiação, cidadania e propriedade – reproduziu desigualdades intergeracionais que se perpetuaram. Nessa visão, manter os Estados-nações e os direitos de primogenitura existentes, assim como os padrões de cidadania e herança em vigor, sustenta a heteronormatividade. No entanto, ao mesmo tempo, a globalização atual, que questiona os fundamentos do Estado-nação moderno, também permite aos movimentos feministas e *queer* se aliarem e desafiarem a herança dada pelo heteropatriarcado. Portanto, nessa conjuntura histórica, a teoria *queer* é crucial e indiscutivelmente imperativa para a análise crítica da política em grande escala. A teoria *queer* oferece não apenas a crítica mais reveladora da heteronormatividade e de seus efeitos políticos, mas também produz uma análise transformadora das desigualdades, que se expressam nos níveis individual, interpessoal, grupal, nacional e global.

Pós-colonialismo e teorias não ocidentais

O pós-colonialismo lida com os efeitos e as causas da colonização de culturas e sociedades não ocidentais por sociedades ocidentais. Em geral, o termo *pós-colonialismo* se refere a um período posterior ao fim do colonialismo. Não há dúvida de que um dos eventos em série mais espetaculares do século XX foi o desmantelamento do colonialismo dos impérios ultramarinos europeus. Dezenas de novas nações independentes surgiram no horizonte. No entanto, um dos eventos menos perceptíveis – mas de grande alcance em seus efeitos e implicações – é a contínua propagação do colonialismo no campo das narrativas, dos discursos e do exercício do poder. Os impérios reais ruíram, mas a forma colonial de pensar continua viva.

As definições do que significa "pós-colonial" podem variar, mas o conceito se torna mais útil quando é usado não como sinônimo de um período histórico pós-independência de nações outrora colonizadas, mas quando aponta para um discurso específico que se constrói no momento em que o poder colonial se inscreve no corpo, na mente e no espaço dos Outros (povos ex-colonizados) e que continua como uma tradição frequentemente oculta no teatro neocolonialista das relações internacionais.

No entanto, o colonialismo gera sempre seu antagonista. A crítica anticolonial moderna surgiu ao lado da luta pela liberdade. Os trabalhos do filósofo e psiquiatra martiniquense Frantz Fanon – *Pele negra, máscaras brancas* (1952) e *Os condenados da terra* (1961) – ajudaram não apenas a pensar criticamente o colonialismo, mas a implementar a resistência real à ocupação colonial. Porém, o magistral livro do palestino-americano Edward Said – *Orientalismo* (1978) – fez com que a crítica ao eurocentrismo se espalhasse pelas ciências humanas e permeasse uma série de disciplinas, tais como Política e Relações Internacionais, Economia, Sociologia, Estudos Literários e, não menos importante, a própria Antropologia, ciência criada originalmente para pensar os povos "primitivos". Os trabalhos de Said levaram a uma verdadeira proliferação de estudos que têm como foco a análise das narrativas que legitimam a condição pós-colonial das sociedades contemporâneas.

As Relações Internacionais, disciplina nascida nos EUA e na Europa como resposta à queda dos impérios europeus na Primeira Guerra Mundial, têm origens coloniais. Pelo menos três das teorias explicativas dominantes em Relações Internacionais – realismo, liberalismo e Escola Inglesa – refletem em certa medida visões coloniais do mundo, ainda que indiretamente e sutilmente. Essas teorias nasceram nos EUA e na Europa imbuídas do sentimento naturalizado do colonialismo e se vendem como "universais". Isso faz com que quaisquer contribuições cujas origens se encontram fora do eurocentrismo sejam vistas como periféricas, prosaicas ou excepcionais.

Nesse sentido, as Relações Internacionais têm poucos recursos conceituais para abordar como o impacto cultural e político da competição entre os Estados, os quais são motivados pela noção de autoajuda, afetam e continuam a afetar os povos "não ocidentais". Uma teoria como realismo, que acaba influenciando os tomadores de decisão a não observarem como a hierarquia racial entre os povos constituiu a própria realidade internacional, também não consegue observar a desestruturação das várias formas de vida dos "povos não ocidentais" pela ação de Estados modernos motivados pela autoajuda. Para as teorias dominantes de RI, a raça como conceito analítico não "explica" o funcionamento do mundo ou, em outras palavras, a raça não importa.

A disciplina construiu uma série de concepções eurocêntricas da política mundial sem criticar as origens políticas desses conceitos. As teorias dominantes não explicam a política internacional de maneira objetiva e universalista, pelo contrário, procuram indiretamente celebrar, defender ou promover o sujeito ocidental como referência normativa ideal e mais elevada da política mundial. Se toda teoria de RI é para alguém e para algum propósito, como vimos com Cox, então toda teoria universal é um disfarce para os interesses seculares daqueles que as promovem. Além disso, a obsessão das teorias dominantes em RI de criar modelos abstratos sobre o funcionamento da ordem internacional esconde uma vontade de fugir da história, de evadir a violência do encontro com o colonizado. Assim, a disciplina de RI é prejudicada por uma relativa incapacidade de falar sobre os danos causados pelo colonialismo nos países não ocidentais e pela justiça de suas demandas.

No entanto, apesar de sua importância em outros campos, a teoria pós-colonial só recentemente fez sua presença sentida em Relações Internacionais. Os primeiros livros e artigos começaram a aparecer no fim dos anos 1990 e início dos 2000, com os trabalhos de Naem Inayatullah e David L. Blaney (2004), Sankaran Krishna (2001), Geeta Chowdhry e Sheila Nair (2002). Os principais manuais de teorias de RI ainda não incorporaram esse avanço epistemológico e apenas analisam marginalmente o pós-colonialismo ou as teorias não ocidentais. Não há nenhum capítulo exclusivo sobre essas abordagens e quando a discussão ocorre está inserida em outras abordagens como marxismo ou pós-modernismo (Burchill et al, 1995; Viotti e Kauppi, 2012; Carlsnaes et al, 2013). As exceções são os manuais de Nogueira e Messari (2005) e Jørgensen (2018), que dedicam subsecções à teoria.

É certo que sua entrada tardia no campo significa uma importante mudança epistemológica e ontológica em RI, embora um grupo relevante de autores e pensadores ainda não tenha dado a devida atenção a esse fenômeno. A importância do movimento pós-colonial em RI, que se baseia em literaturas críticas já existentes originadas no marxismo, pós-modernismo e feminismo, é definida pelo seu olhar sobre a imbricação entre, de um lado, raça, classe e gênero/sexualidade, e de outro, o poder. Esse olhar constitui um esforço epistemológico no sentido de gerar uma crítica alternativa às relações de poder globais que se constroem em torno das hierarquias raciais, de classe e gênero.

Em artigo de grande repercussão publicado na *Foreign Policy*, "Why Race Matters in International Politics?" (2020), Kelebogile Zvobgo e Meredith Loken argumentam que, embora raça não seja um conceito central das Relações Internacionais, ela é sem dúvida uma característica estruturante da política mundial. Se os impérios foram, em grande medida, definidos em torno de diferenças raciais e os impérios marcaram a construção do sistema internacional contemporâneo, então não pensar a raça como conceito analítico das RI é não entender na completude o funcionamento desse mesmo sistema. Assim fica a pergunta: por que uma ciência social cujo objetivo central é entender o funcionamento da política mundial pouco tratou de um conceito que estrutura a própria política mundial? A explicação reside no domínio eurocêntrico das teorias dominantes em RI, que sempre colocaram a raça (assim como gênero, sexualidade e classe) como conceito periférico, doméstico e raramente global.

Nesse contexto, descolonizar as RI pode significar desmontar toda a disciplina. O desafio da análise pós-colonial em RI acaba sendo triplo. *Primeiro*, deve-se questionar as premissas e os conceitos das teorias dominantes no campo, apontando para origens epistemológicas que se colocam como universais, mas que, na verdade, refletem os interesses e a visão de mundo do eurocentrismo. *Segundo*, deve-se problematizar a questão da raça como fator fundacional e estruturante das RI, questionando tanto como visões raciais construíram as narrativas dominantes na disciplina, como analisando o efeito concreto dessas narrativas nas vidas dos povos não ocidentais. *Terceiro*, deve-se incorporar a visão de mundo, os conceitos e premissas, dos povos não ocidentais nas teorias explicativas, críticas e normativas das Relações Internacionais. Não basta apenas fazer a análise crítica das injunções teóricas e conceituais que refletem visões coloniais do mundo; é preciso também resgatar e recriar os modos de ver o mundo para além daquilo que Europa e EUA elegem como prioritário. É preciso construir uma epistemologia pós-ocidental das Relações Internacionais.

Assim, é necessário reconhecer a contribuição e o pensamento de autores fora do tradicional centro de produção teórica da disciplina para se ter uma compreensão mais abrangente das relações internacionais. Para isso é preciso incorporar percepções do sistema internacional decorrentes de tradições de pensamento diferentes daqueles alcançados pelo *mainstream* teórico. É importante notar, contudo, que produzir teoria fora do eixo não significa cair em algum tipo de paroquialismo ou nacionalismo reducionista. A opção pela indigenização das teorias de RI não é, portanto, o mesmo que clamar pelo nativismo, mas criar espaços alternativos em que se possam ouvir as vozes não ocidentais, aprender com elas e, em seguida, usar essas abordagens em consonância crítica com aquelas que emanam do hemisfério ocidental no sentido de se criar uma RI pós-ocidental.

Nesse contexto, neste capítulo discutiremos as noções básicas do pós-colonialismo como uma nova teoria de RI. Em seguida, discorreremos sobre três autores clássicos que influenciaram a formação dos estudos pós-coloniais – Franz Fanon, Edward Said e Aníbal Quijano. Em seguida, discutiremos as produções intelectuais indiana e latino-americana das RI como uma forma de mostrar visões alternativas não ocidentais das RI. Poderíamos ainda discutir outras tradições, tais como chinesa, japonesa, africana ou islâmica, mas por uma questão de espaço optamos por aquelas mais próximas à realidade brasileira.

AS PREMISSAS DO PÓS-COLONIALISMO

O pós-colonialismo parte de quatro premissas básicas. *Primeiro*, analisa as relações de poder entre Norte e Sul, dando ênfase às formas de superação da subordinação e lutas anticoloniais dos povos e nações dos três continentes não ocidentais (África, Ásia e América Latina), assim como das populações indígenas que residem dentro de países ocidentais. Embora o elemento "pós" em pós-colonialismo signifique o fim do colonialismo e imperialismo como dominação direta, isso não implica que ambos tenham desaparecido como um sistema global de poder hegemônico. Assim, o "pós" marca tanto uma ruptura histórica como uma continuidade, qual seja, o fato de o poder estabelecido historicamente pelo colonialismo permanecer presente e significativo, algumas vezes menos visível do que na época do colonialismo real.

Segundo, o pós-colonialismo desafia a hegemonia ocidental no que diz respeito à produção e divulgação do conhecimento. As relações de poder pós-colonial não são meramente expressas na desigualdade de poder militar e econômico, mas estão enraizadas em como pensamos o mundo. O poder discursivo ocidental deve ser, portanto, desafiado nas suas premissas e viés de origem. A teoria questiona, então, a construção e os efeitos do discurso colonial, muitas vezes revestido e vendido como "ciência". A análise do discurso colonial é importante porque une poder e conhecimento. Isto é, aqueles que têm poder acabam tendo o controle do que é conhecido e da maneira como é conhecido. Essa ligação entre conhecimento e o poder é particularmente importante nas relações entre colonizadores e colonizados.

Terceiro, o pós-colonialismo procura problematizar a questão da raça como uma categoria fundamental de análise. O conceito de raça é particularmente pertinente para a ascensão do colonialismo porque a divisão artificial da sociedade humana em raças foi uma necessidade das potências colonialistas para estabelecer o domínio sobre povos considerados inferiores e que não podiam (ou não conseguiam) se "representar" politicamente, justificando assim a empresa imperial. Segundo Ashcroft et al (2000), o pensamento racial e o colonialismo são imbuídos do mesmo ímpeto para traçar uma distinção binária entre "civilizado" e "primitivo" e a necessidade de hierarquização de tipos humanos. Ao traduzir a opressão colonial em uma teoria justa, embora espúria, o pensamento racial europeu iniciou uma hierarquia racial difícil de desalojar do pensamento contemporâneo. Embora a raça não seja especificamente uma invenção do imperialismo, rapidamente se tornou uma de suas ideias centrais. Isso porque a noção de superioridade racial deu impulso a dois outros pontos importantes da missão imperial: domínio e iluminação. O imperialista europeu precisava dominar para levar a civilização – a luz – aos povos "primitivos".

Quarto, revelar as formas de pensar dos povos não ocidentais e marginais. Há duas maneiras de colocar em evidência o pensamento político e social dos povos não ocidentais. A primeira leva em conta apenas sua diversidade, reconhecendo uma gama de sistemas separados e distintos de comportamentos e visões de mundo. Essa abordagem é insuficiente porque sugere que tais diferenças são meramente exóticas. A segunda forma é a busca pelo hibridismo do pensamento produzido nas regiões não ocidentais, um espaço em que os significados e identidades culturais sempre contêm traços de outras culturas, notadamente dos colonizadores. É preciso entender que o efeito concreto dos colonizadores mudou para sempre as formas de pensar e ver o mundo dos povos não ocidentais e que as novas formas de pensamento resultantes desse processo são necessariamente híbridas. Portanto, a busca por uma originalidade ou pureza de culturas não ocidentais e suas formas de pensar o mundo político e social é algo insustentável; pelo contrário, o que se encontra é sempre o hibridismo.

No quadro a seguir resumimos as quatro premissas do pós-colonialismo:

| Analisa as relações de poder entre Norte e Sul dando ênfase às formas de superação da subordinação e às lutas anticoloniais dos povos e nações dos três continentes não ocidentais (África, Ásia e América Latina) |

| Desafia a hegemonia ocidental no que diz respeito à produção e divulgação do conhecimento | Problematiza a questão da raça como uma categoria fundamental de análise | Revela as formas de pensar dos povos não ocidentais e marginais |

CONCEITOS CENTRAIS DO PÓS-COLONIALISMO

O pós-colonialismo tem três conceitos centrais: colonialismo, centro/periferia e anticolonialismo. O termo *colonialismo* é definido por uma forma específica de exploração cultural, política e econômica que se desenvolveu com a expansão da Europa nos últimos 400 anos e que tem no seu âmago a relação entre colonizador e colonizado, entre metrópole e colônia. Embora muitas civilizações anteriores tivessem colônias e percebessem as relações com os povos colonizados dentro de uma lógica imperial – um império central que domina a periferia provincial –, é a Europa que desenvolve uma ideologia global de legitimação do imperialismo – o colonialismo. Isto é, a empresa colonial europeia, que teve início no século XVI, tem no colonialismo a ideologia de legitimação do imperialismo.

Nesse sentido, em colônias onde o sujeito em questão era de uma "raça" diferente do colonizador, o colonialismo funcionava como o mecanismo de naturalização das formas desiguais de relações raciais e interculturais. O próprio conceito de raça foi em grande parte uma justificativa para o tratamento dos povos escravizados após a expansão do tráfico de escravos, notadamente africano, do final do século XVI em diante. Em tais situações, a ideia segundo a qual a colônia é intrinsecamente inferior à metrópole, e não apenas uma região fora da história e da civilização, é justificada pela noção de inferioridade geneticamente determinada. A sujeição dos colonizados não era apenas uma questão de lucro e conveniência, mas algo visto como natural e imutável, dada a hierarquia racial legitimada pelo colonialismo. A ideia da sobrevivência da "raça" mais apta, uma aplicação duríssima e enviesada da teoria de Darwin, que mais tarde foi entendida como darwinismo social, andava de mãos dadas com as doutrinas do imperialismo que evoluíram no final do século XIX.

Segundo, a dicotomia centro/periferia está no cerne de qualquer tentativa de definir o que ocorreu no relacionamento entre os povos como resultado do período colonial. O colonialismo existiu porque postulou a existência de uma oposição binária que dividia o mundo. O estabelecimento gradual de um império dependia de uma relação hierárquica em que o colonizado existia como o Outro da cultura colonizadora. O selvagem só poderia existir se houvesse um conceito de civilização para se opor a ele. Dessa forma, uma geografia de diferença foi construída, em que as assimetrias foram mapeadas (cartografia) e dispostas em uma paisagem metafórica que representava não a geografia em si, mas a geografia do poder – o centro e a periferia. A Europa Imperial foi definida como o "centro" em uma geografia tão metafísica quanto física. Tudo o que estava fora desse centro era, por definição, a periferia, sempre na margem da cultura, do poder e da civilização. A missão colonial que buscava trazer a margem para a esfera de influência do centro iluminado tornou-se a principal justificativa para a exploração econômica e política do colonialismo. Essa dicotomia será fundamental para entendermos a teoria da dependência mais adiante.

Terceiro, anticolonialismo significa a luta política dos povos colonizados contra a ideologia e prática do colonialismo. O anticolonialismo significa o ponto em que as várias formas de oposição se tornam articuladas como uma resistência à operação do colonialismo na política, economia e cultura. Ele enfatiza a necessidade de rejeitar o poder colonial e restaurar o controle local. Paradoxalmente, movimentos anticolonialistas muitas vezes se expressam por meio da apropriação e subversão de formas emprestadas das instituições do colonizador. Assim, a luta anticolonial muitas vezes foi articulada em termos de um discurso nacionalista em que o modelo de organização política do colonizador – o Estado-nação moderno – foi apropriado e empregado como um sinal de resistência dos povos não ocidentais. Na luta pela emancipação e independência os povos não ocidentais não mais podiam voltar às organizações políticas prévias à empreitada colonialista, pois estas haviam sido eliminadas. Restava adotar o modelo colonizador de organização política – o Estado-nação moderno – como resistência. Quando Simón Bolívar declarou a independência da Grã-Colômbia do Império espanhol não era possível voltar ao modelo de organização política dos incas. A República grega foi inserida no contexto latino-americano.

No quadro que segue resumimos os três principais conceitos do pós-colonialismo:

Colonialismo	Centro-periferia	Anticolonialismo
Uma forma específica de exploração cultural, política e econômica que se desenvolveu com a expansão da Europa nos últimos 400 anos e que tem no seu âmago a relação entre colonizador e colonizado	Uma geografia da diferença que divide o mundo em dois polos hierárquicos, onde o poder se concentra em um centro que domina o marginal e periférico	Significa a luta política dos povos colonizados contra a ideologia e a prática do colonialismo

O PENSAMENTO PÓS-COLONIAL CLÁSSICO: FRANTZ FANON E EDWARD SAID

Nesta seção, discutimos três autores clássicos do pensamento pós-colonialista. Primeiro, discorremos sobre os principais trabalhos do filósofo e psiquiatra martiniquense Frantz Fanon (1925-1961), os livros *Pele negra, máscaras brancas* (1952) e *Os condenados da terra* (1961). Fanon é talvez o nome mais associado à teorização de métodos de resistência anticolonial e muitos o descrevem como "o pai fundador da teoria anticolonial". Segundo, discutimos os trabalhos do palestino-americano Edward Said (1935-2003). Said foi professor de literatura na Universidade de Columbia em Nova York e se tornou a maior referência internacional em estudos pós-coloniais. O livro *Orientalismo: o Oriente como invenção do Ocidente* (1978) praticamente criou a área de estudos pós-coloniais. Terceiro, discutimos a escola pós-colonial latino-americana criada pelo sociólogo peruano Aníbal Quijano (1930-2018), professor da Universidade de San Marcos em Lima, e pelo argentino Walter Mignolo (1941-), professor da Universidade de Duke nos EUA. Ao cunhar o termo "colonialidade do poder", Quijano inaugurou os estudos decoloniais na região, um ramo dos estudos pós-coloniais que critica a hegemonia cultural e política do Ocidente sobre os povos latino-americanos.

Frantz Fanon e a psicologia do colonizado

Um homem negro andando nas ruas de Lyon, na França. Um menino branco acompanhado de sua mãe passa pelo homem e exclama: "Mamãe, olha o negro! Estou com medo!". Este é o famoso e frequentemente citado relato de Frantz Fanon sobre sua "descoberta" a respeito da natureza e do efeito da cor de sua pele. Ato contínuo, Fanon reconhece outros marcadores de sua "africanidade" no mundo europeu. Para o autor, ser "negro" é mais do que um registro racial: é uma narrativa que o negro deve interiorizar em qualquer encontro com o mundo.

Boa parte das preocupações analíticas e conceituais do pós-colonialismo, tais como raça, nacionalismo e identidade cultural, são abordadas de forma pioneira por esse ativista da liberdade argelina nascido na Martinica e educado na França. Em suas principais obras, as já citadas *Pele negra, máscaras brancas* e *Os condenados da terra*, Fanon abordou vários dos temas que passaram a ser centrais em todo pensamento pós-colonial, notadamente a psicologia do colonizado e do colonizador, os processos de luta anticolonial, a complexidade do processo de descolonização e as dinâmicas e tensões inerentes ao nacionalismo cultural.

Não podemos tratar todos esses temas aqui, mas pelo menos um ponto vale discutir. Fanon é visto como um dos primeiros teóricos pós-coloniais que exploraram a natureza da subjetividade e da formação do sujeito colonizado na situação colonial. Em *Pele negra, máscaras brancas*, sua obra mais psicanalítica, Fanon defende a existência de um "arsenal de complexos" produzido pelo ambiente colonial. O colonialismo, para Fanon, é inerentemente psicopatológico e produz grandes distúrbios mentais tanto no colonizador quanto no colonizado.

O ponto central dessa obra é sustentar que a identidade do colonizado depende da anuência do colonizador. Sem identidade, o colonizado busca reconhecimento e identificação como branco pelo branco. Ou seja, o homem negro sem o sentido de si mesmo busca uma identidade que apenas o homem branco, e sua cultura branca, podem conceder. O homem negro cuja própria cultura e consciência foram destruídas, busca refúgio procurando algum tipo de reconhecimento da, e dentro da, cultura branca estrangeira. Ele se molda segundo o mestre branco, colocando uma "máscara branca" mal-ajustada, ou mais precisamente um conjunto de máscaras que refletem papéis que o homem branco deseja que o homem negro desempenhe. Todo o problema da identidade, na visão de Fanon, é a falta de uma identidade clara para o colonizado.

Já na obra *Os condenados da terra*, o autor sustenta que o colonialismo é a negação estrutural e sistemática dos múltiplos mundos de diversos povos. O colonialismo é "negação sistematizada do outro", uma "frenética determinação" de negar qualquer atributo da humanidade "a milhões de pessoas". A subjetividade humana é descoberta apenas quando explorada e representada pela Europa. Se alguém quiser se libertar da condição de natureza de colonizado, e ser livre para viver sua condição humana, só poderá fazê-lo se cultivar uma subjetividade europeia. A esse respeito, apenas a adoção da razão – prerrogativa greco-romana – é o que possibilitará a transição da condição colonial para a humana. Para ser livre é preciso ser racional (europeu). No mundo colonial, colonizado e colonizador vivem em constante confronto e são mutuamente excludentes. Mas a vida, devidamente definida, só é possível para um desses grupos. Apenas um deles, a "espécie dominante", é verdadeiramente humana, enquanto "os nativos", "os outros", "os indígenas" são entendidos como "supérfluos". O que governa as relações entre os dois são as instituições (os militares, a polícia) e as línguas da "violência pura" (adoção da língua da metrópole). No entanto, mais cedo ou mais tarde, os colonizados entendem sua inserção neste mundo desigual e sua negação estrutural. Nesse momento começa a revolta.

Edward Said e o orientalismo

Em uma carreira prolífica, que abrange quase quatro décadas, Said escreveu mais de 20 livros e 100 artigos. Sua influência – tanto durante quanto após sua vida – vai desde estudos literários, seu ponto de partida, até Política, Sociologia, Psicologia, Antropologia e Relações Internacionais. Não há área das ciências sociais que não tenha sido afetada por suas obras. Said nasceu na Palestina, mas viveu boa parte da vida no exílio. Sua família fez parte do êxodo de palestinos logo após a Guerra de 1948 e a condição de exiliado foi a experiência pessoal mais determinante de sua vida intelectual.

A questão de como a representação do árabe surgiu no Ocidente se tornou foco do livro *Orientalismo*, de 1978, a obra que é geralmente vista como o mais influente de todos os textos de Said. Nesse livro, Said mostrou que o Oriente ocupa uma posição muito especial na experiência europeia. O Oriente não é apenas adjacente à Europa; é também o lugar das maiores, mais ricas e mais antigas colônias da Europa; é a fonte de suas civilizações e línguas, seu concorrente cultural, e uma de suas mais profundas e recorrentes imagens do Outro. Além disso, o Oriente ajudou a definir a imagem e personalidade da Europa (ou o Ocidente) por meio do contraste.

Essa visão essencializada do Oriente gerou aquilo que Said chama de orientalismo. O orientalismo como narrativa de poder se manifesta de três maneiras. Primeiro, como uma designação acadêmica que se refere àqueles que "ensinam, escrevem ou pesquisam o Oriente". Durante o período colonial criaram-se nos departamentos universitários as cadeiras e disciplinas sobre o Oriente, as quais se justificavam não apenas pela curiosidade científica, mas pela necessidade de legitimar o domínio do Outro por meio da produção do conhecimento. Segundo, como um estilo de pensamento baseado em uma distinção conceitual entre o Oriente e o Ocidente. O Oriente seria o mundo do exótico, da essencialização das características autóctones, ao passo que o Ocidente seria o campo da razão e do conhecimento. Por fim, pelo menos desde o final do século XVIII, o orientalismo se manifesta como uma instituição corporativa e colonial para lidar com o Oriente. Como nas palavras de Benjamin Disraeli, primeiro-ministro britânico do século XIX, "o Oriente é uma carreira". Ou seja, uma carreira dentro do enorme aparato colonial inglês, na qual um ambicioso jovem britânico poderia ascender aos mais altos postos do Império.

Said é fortemente influenciado por Michel Foucault. Nesse sentido, o orientalismo deve ser entendido como uma análise da relação entre poder e conhecimento. Embora Said afirmasse que o uso do termo *orientalismo* se referia às três concepções apontadas anteriormente, as quais estão inter-relacionadas, é o último aspecto que constitui o ponto crucial de seu argumento. Enquanto os dois primeiros lidam principalmente com a produção textual sobre o Oriente, o último enfoca a forma como essa produção possibilita e justifica o domínio do Oriente pelo Ocidente. Em outras palavras, trata-se de uma forma de lidar com o Oriente "fazendo declarações sobre ele, autorizando e legitimando certos pontos de vista sobre ele, descrevendo-o, ensinando-o, governando-o. Em suma, é o estilo ocidental de dominar e constituir a autoridade sobre o Oriente".

Além disso, o orientalismo é um tipo particular de discurso que possibilitou não apenas o controle do Oriente por sucessivas gerações de europeus, mas que também permitiu a produção de um tipo específico de sujeito sem voz. O complexo sistema de regras do discurso orientalista estabeleceu os limites do que poderia ser dito ou presumido sobre o Oriente e o que poderia e não poderia ser esperado de seus habitantes. Dentro disso, o "Oriente não era (e não é) um sujeito livre de pensamento e ação". Ele não se autorrepresenta; ele precisa ser representado pelo europeu. Assim, o poder desse discurso não reside apenas em conhecer uma região geográfica, mas sim na constituição de um Oriente imaginado, no qual seus habitantes são meros expectadores sem autonomia e cuja voz é dada pelo europeu.

Aníbal Quijano e a colonialidade do poder

Os trabalhos de Aníbal Quijano criaram a tradição pós-colonial latino-americana mais influente, a escola decolonial. Quijano escreveu inúmeros livros e artigos, mas os artigos "Coloniality of Power, Eurocentrism and Latin America" (2000) e "Coloniality and Modernity/Rationality" (2007) se tornaram centrais para entender o pensamento do autor. Criador do Grupo Modernidade/Colonialidade em 1990, ao lado do argentino Walter Mignolo, e inspirado principalmente pelo Grupo Sul-Asiático dos Estudos Subalternos dirigido pelo historiador indiano Ranajit Guha, o qual problematizava o colonialismo britânico na Ásia do Sul, Quijano denunciou o "imperialismo" dos estudos culturais, pós-coloniais e subalternos que não realizaram uma ruptura adequada com autores eurocêntricos. Para ele, as formas de resistência da América Latina estavam ocultas nos debates pós-coloniais e era preciso resgatá-las. A história do continente dentro do desenvolvimento do capitalismo mundial foi diferenciada, sendo a primeira a sofrer a violência do esquema colonial/imperial moderno. Além disso, os latino-americanos migrantes possuem outras relações de colonialidade em relação ao Império estadunidense, algo não observado por grupos de imigrantes de outras regiões.

Nesse contexto, Quijano desenvolveu o conceito de "colonialidade de poder". O neologismo faz referência a uma estrutura de poder particular do domínio colonial à qual foram submetidas as populações nativas desde o descobrimento e que persiste mesmo após a independência. Para Quijano, as relações de colonialidade nas esferas econômica e política não findaram com a independência e o fim do colonialismo real. A colonialidade seria a face obscura e negativa da modernidade.

Quijano faz uma análise baseada em três conceitos-chave para entender a colonialidade – raça, gênero e trabalho – que constituíram o capitalismo mundial moderno e colonial na região. Um dos eixos fundamentais desse modelo de poder é a classificação social da população mundial em torno da ideia de raça, uma construção mental que expressa a experiência básica da dominação colonial e permeia as mais importantes instâncias do poder global, incluindo sua racionalidade específica: eurocentrismo. O eixo racial tem origem e caráter colonial, mas provou ser mais durável e estável do que o colonialismo. Portanto, o modelo de poder global e hegemônico atual ainda pressupõe um elemento de colonialidade.

O conceito denuncia a continuidade das formas coloniais de dominação após o fim das administrações coloniais e que foram reproduzidas pelas culturas coloniais e estruturas do sistema-mundo capitalista moderno/colonial. Além disso, o conceito busca atualizar e contemporizar processos coloniais que supostamente teriam sido apagados, assimilados ou superados pela modernidade. Os Estados periféricos e os povos não europeus vivem hoje sob o regime da "colonialidade global" imposto pelos Estados Unidos, sendo que as zonas periféricas mantêm-se numa situação colonial, ainda que não sujeitas a uma administração colonial.

AS TEORIAS NÃO OCIDENTAIS

A tradição latino-americana

A tradição latino-americana de pensar temas internacionais gerou pelo menos duas escolas de pensamento que conseguiram alcançar proeminência internacional: a teoria da dependência e a teoria da autonomia. *Primeiro*, a teoria da dependência se mostrou uma escola verdadeiramente global na medida em que construiu modelos e teorias analíticas voltadas aos problemas de subdesenvolvimento e dependência econômica da América Latina, mas que foram replicados e adotados em muitas regiões do mundo. Sempre em consonância com os estudos da Cepal (Comissão Econômica para América Latina e Caribe), os trabalhos de autores como Raúl Prebisch (Argentina), Celso Furtado (Brasil), Fernando Henrique Cardoso (Brasil), Osvaldo Sunkel (Chile), Hélio Jaguaribe (Brasil), Theotônio dos Santos (Brasil) e

Ruy Mauro Marini (Brasil), para citar alguns, construíram diferentes correntes de interpretação sobre a dependência e as melhores formas de superá-la.

Segundo, a teoria da autonomia, intimamente ligada à teoria da dependência, procurou desenvolver o conceito de autonomia para pensar a política externa dos países latino-americanos e como assegurar autonomia decisória política e econômica desses países. O conceito teve como principais expoentes o cientista político e jurista brasileiro Hélio Jaguaribe (1923-2018) e o diplomata argentino Juan Carlos Puig (1928-1989). Esses autores tiveram grande influência nos debates acerca da política externa dos países da região entre os anos de 1950 e 1970, a ponto de muitos países formularem suas políticas externas levando em consideração os conceitos debatidos pela escola. O surgimento e a consolidação do campo nesse período responderam à necessidade de reduzir os níveis existentes de dependência intelectual e científica da Europa e EUA ao criar visões autóctones de Relações Internacionais para a região, sendo a escola da autonomia uma delas.

A teoria da dependência na América Latina

A teoria da dependência não se formou como uma escola de RI. Pelo contrário, foi a disciplina de Relações Internacionais que, em retrospecto, buscou em seus autores elementos para elaborar uma forma autóctone de pensar as relações internacionais com a marca latino-americana. Ainda assim, é raro encontrar manuais de Relações Internacionais que mencionem essa abordagem. Por exemplo, a teoria da dependência aparece de maneira mais estruturada apenas em revisões sobre o pensamento marxista em RI, porém esses textos quase nunca dedicam um espaço exclusivo para o pensamento. A exceção é o manual de Viotti e Kauppi (2012), que mantém uma pequena seção a respeito.

Não há dúvida de que a teoria da dependência propiciou à região um lugar ao sol nas grandes abordagens teóricas das ciências sociais. A teoria foi celebrada como a primeira abordagem periférica voltada ao desenvolvimento e inserção internacional de países não ocidentais. Em termos gerais, os diversos autores agrupados sob o rótulo de dependência procuram explicar o subdesenvolvimento econômico na periferia como um produto da natureza específica do capitalismo global, bem como examinar as maneiras pelas quais a dependência externa moldou os processos internos que reforçaram a desigualdade e a exclusão. A interpretação da dependência tem uma de suas origens na crítica aos trabalhos de Celso Furtado publicados na segunda metade dos anos 1960. Furtado (1965) argumentava que a América Latina caminhava para a estagnação em razão da utilização de uma tecnologia trabalho-intensiva na indústria de transformação e da concentração de renda que ela provocava, não havendo contra isso forças compensatórias, gerando dependência econômica em relação ao centro.

Fortemente influenciada pela teoria do imperialismo de Lênin e pelo pensamento econômico da Cepal, sob direção do economista argentino Raúl Prebisch, a teoria da dependência mostrou como a expansão do capitalismo, a divisão internacional do trabalho e a inserção das economias latino-americanas no sistema global produziram relações assimétricas entre os países centrais e a periferia. Grandes críticos da teoria da modernização liberal, que procurava explicar o desenvolvimento dos países a partir da adoção de valores e instituições ocidentais, os teóricos da dependência argumentaram que uma análise das histórias particulares de sociedades supostamente independentes não poderia explicar os diferentes níveis de desenvolvimento entre os países. Para descobrir as razões dessas desigualdades é necessário analisar a formação do sistema mundial capitalista e a sua divisão entre países periféricos e centrais. A concentração da produção para exportação de bens primários é identificada como a principal causa dos termos de troca desiguais vividos pelos países da América Latina, dada a demanda inelástica de produtos primários em termos de preço e renda.

Contudo, a característica essencial da dependência não é o estudo do imperialismo em si, mas a análise das classes sociais no capitalismo dependente da região. Em outras palavras, as lutas de classe, as redefinições de interesses e as alianças mantêm as estruturas e, ao mesmo tempo, abrem perspectivas para sua transformação. Como vimos no capítulo sobre o marxismo, essas noções da teoria da dependência foram importantes para a construção do pensamento neomarxista em Relações Internacionais, notadamente a obra de Immanuel Wallerstein.

O hibridismo da autonomia

A Escola da Autonomia buscou superar tanto o determinismo de dependência, como a difícil aplicabilidade das teorias tradicionais de RI para pensar a ação internacional dos Estados latino-americanos. Do ponto de vista teórico, a autonomia foi criada por uma mescla de perspectivas realistas e teorias da dependência tendo como principal preocupação o problema da autonomia regional. O conceito de autonomia não era visto apenas como uma condição necessária para o desenvolvimento econômico, conforme destacado pela teoria da dependência, mas como um termo que passou a ser vinculado à política externa de países latino-americanos que o adotaram em seus discursos e estratégias. A autonomia passou a ser vista de fora para dentro como um mecanismo para proteger contra os efeitos nocivos da dependência em nível local e de dentro para fora como instrumento de afirmação dos interesses regionais no sistema internacional.

O conceito de autonomia foi desenvolvido por Hélio Jaguaribe (1979), que o relacionou aos conceitos de dependência e hegemonia. Para Jaguaribe, os custos da dependência se manifestavam principalmente na viabilidade do Estado-nação. Os países dependentes estavam sujeitos a pressões externas, fazendo com que a ausência de autonomia nacional desestruturasse a capacidade do Estado de exercer seu papel também em outras áreas. Com base na análise e categorias de Jaguaribe, Puig (1980) fez da autonomia o próprio cerne de sua "Doutrina da Autonomia". Puig entendia a autonomia de um Estado como "a capacidade máxima de decisão própria que pode ser alcançada, levando em consideração as restrições objetivas do mundo real", contra as quais era preciso acumular poder, pois "todo projeto autonomista exige mobilizar recursos de poder". Nesse sentido, Puig discordava de teorias tradicionais de RI por achá-las fúteis para compreender as relações internacionais da periferia. Para o autor, ao contrário dos argumentos apresentados por realistas como Morgenthau e Waltz, o sistema internacional não é caracterizado pela anarquia, mas sim por um regime hierárquico que coloca os países periféricos em uma posição de desvantagem estrutural. Essa fusão de conceitos da teoria da dependência e do realismo constitui um modelo híbrido latino-americano, o qual se tornou fundamental para a análise de questões globais em muitos países da região.

A tradição indiana

Desde sua origem pós-independência no fim dos anos 1940, a disciplina de Relações Internacionais na Índia manteve uma relação intelectual conflituosa com os debates da disciplina que ocorriam no Ocidente. Os debates foram dominados por uma mentalidade provinciana que levava à desconfiança e ao consequente rompimento com estudiosos estrangeiros. Assim, o desejo pós-colonial de autonomia e autossuficiência gerou um autoisolamento intelectual e científico. O resultado foi um alheamento em relação aos debates teóricos e metodológicos da disciplina que ocorriam no centro. Ao que tudo indica, o único paradigma que conseguiu uma maior entrada no pensamento indiano sobre relações internacionais foi o realismo clássico, sendo até hoje muito influente.

No entanto, havia uma nova forma de pensar temas internacionais em ebulição na Índia dos anos 1940/1950. Não há dúvida de que o primeiro-ministro Jawaharlal Nehru foi importante para a estruturação da área com a criação da Indian School of International Studies em 1955 sob liderança do professor M. S. Rajan, embora áreas em que Nehru não estava particularmente interessado – Sudeste Asiático, América Latina, África, relações comerciais, defesa e segurança – tenham sido em grande medida ignoradas. Nesse sentido, com a formulação da política externa centralizada em Nehru, aos internacionalistas indianos teria restado apenas "justificar e operacionalizar o não alinhamento". Mais do que isso, a teorização era vista como algo elitista, fora do interesse indiano e passível de cair novamente na armadilha neocolonial.

Outro problema para a constituição do campo de RI na Índia pós-independência está na formação dos "estudos de área". Os vários temas de Relações Internacionais não eram tratados por especialistas de RI, mas por profissionais das mais diversas disciplinas que estudavam certas "áreas" geográficas ou temáticas, fazendo com que os estudos se tornassem muito idiossincráticos e poucos generalistas.

Assim, a produção intelectual indiana em RI entre os anos 1950 e 1990 foi centrada na análise de política externa, nos estudos sobre o não alinhamento e a autonomia, o que mostra certa influência da Escola latino-americana. O mais importante autor desse período foi o diplomata Sisir Gupta (1929-1978). Em 1967, Gupta publicou o influente livro *Kashmir: A Study in India-Pakistan Relations*, no qual discorre sobre o conflito pela Cachemira. Em diversos estudos subsequentes, Gupta mostra os desafios da formulação da política externa indiana no contexto da Guerra Fria e do Movimento dos Não Alinhados, refletindo a grande influência da análise de política externa para o pensamento indiano em RI, deixando a teorização mais ampla de lado.

O eurocentrismo das teorias de RI fez com que "passados tradicionais" da Índia fossem deslegitimados como possível fonte de criação de conhecimento em RI. Houve rejeição até mesmo dos debates do período de luta pela independência. Várias abordagens sobre o nacionalismo feitas por Mahatma Gandhi, Jawaharlal Nehru, Rabindranath Tagore, V. D. Savarkar, Bankim Chatterjee e Sri Ghosh estavam em discussão na arena política na Índia pré-independência. A maioria dessas conceitualizações não era territorial em sua visão, nem pensada em termos racionalistas, conforme o sentido instrumental moderno.

A situação começa a mudar apenas nos anos 1990 e 2000. Com o enorme crescimento econômico indiano, a autoconfiança dos intelectuais deixou para trás o medo excessivo da teorização e permitiu uma tentativa de construir uma *"Indian IR"*. É nesse período que ocorre um resgate do pensamento indiano tradicional sobre temas internacionais. Por exemplo, para Sri Ghosh uma nação deveria ser pensada também em termos espirituais. Sri Ghosh se pergunta: "Para que serve uma nação? Qual é a nossa pátria mãe? Não é um pedaço de terra, nem uma figura de linguagem, nem uma ficção da mente. É um poderoso *Shakti, [poder]* composto de todos os *Shaktis* de todos os milhões de unidades que fazem uma nação". Ghosh via a Índia como um meio de vida e uma pulsante entidade espiritual. Para ele, o nacionalismo deveria ser concebido como um "profundo e fervoroso *sadhana* religioso", um imperativo espiritual essencial para a emancipação da pátria-mãe do domínio colonial. Chatterjee havia popularizado anteriormente essa noção construindo uma consciência nacionalista através da *bhakti* pura (devoção a Deus), especialmente a popular *bhakti* da deusa

Kali, elogiando-a com o hino *Bande Mataram* (eu me curvo a ti, Mãe), de modo a revelá-la como a *Bharat Mata* (Mãe Índia) e uma entidade divina pela qual vale a pena lutar. Savarkar argumentou que os hindus "não são apenas uma nação, mas também uma raça de *jati*". A palavra *jati* significa uma irmandade, uma raça determinada por uma origem comum, possuindo um sangue comum. Ele rejeitou a ideia de um Estado-nação com base em um contrato social abstrato com cidadãos individualizados habitando dentro de suas fronteiras administrativas. De um ponto de vista muito diferente, os ideais de *Swaraj* (autogoverno) defendidos por Gandhi também estavam enraizados na crença segundo a qual a heterogeneidade *dharmicamente* ordenada da sociedade indiana era anterior e autônoma em relação à autoridade do Estado moderno independente.

Um exemplo do resgate do pensamento indiano em Relações Internacionais são as releituras do filósofo político Kautilya (370 a.C.-283 a.C.), considerado "o pai da *realpolitik*" indiana. Kautilya ajudou o imperador Chandragupta Maurya a fundar o Império Máuria, que dominou o norte da Índia por 200 anos. Kautilya escreveu o texto *Arthashastra* no século IV a.C., portanto, na mesma época em que Tucídides escreveu a *História da Guerra do Peloponeso*. Os feitos diplomáticos concebidos por Kautilya podem ser aplicados em numerosos exemplos na história europeia e asiática. A teoria da mandala de Kautilya (esfera ou círculo de influência, interesse e ambições) estipula que todo rei ou *vijigeesoo* (aspirante à conquista) deve olhar para o seu reino como um ente localizado no centro de um círculo concêntrico de reinos ou mandalas (anéis), que representam alternadamente seus inimigos naturais e possíveis aliados. No entanto, cada reino possui aspirações semelhantes, o que estimula o conflito entre os *vijigeesoos*, resultando em *matsya-nyaya* (a lógica do peixe). Isto é, se não houver um governante para exercer punição, o mais forte devora os fracos como peixes na água. A teoria da mandala assume, portanto, a existência de um mundo de Estados em guerra eterna, enfatizando a preparação perpétua para o conflito ou a doutrina de *danda* (punição, sanção). Além disso, inculca a ética da "força como a coisa mais elevada" e a caracteriza consistindo em um "esforço ascendente incessante". A mesma aspiração serve para "pressionar apenas para cima" e "não ceder" ou "eleger a glória mesmo ao custo da vida". A doutrina se torna um estímulo para a luta pela existência, autoafirmação e dominação mundial entre os *vijigeesoo*. Isto é, o culto à expansão de poder global.

Não há dúvida de que as Relações Internacionais do Ocidente não debatem os fundamentos filosóficos, as estratégias políticas e os objetivos dessas diversas conceituações de nacionalismo indiano, muito menos tradições filosóficas como de Kautilya. É claro que as dificuldades linguísticas em captar o espírito de alguns desses conceitos como *jati*, *swaraj* e *bhakti* deixam o diálogo mais difícil, porém nada é intransponível. Embora os estudiosos ocidentais ainda não tenham atentado para os modos indianos de pensar, isso não explica por que o silêncio das RI tradicionais em relação à história filosófica e espiritual da Índia deva continuar. A menos que se possa argumentar que essas visões de mundo não pertençam ao domínio das RI porque suas ideias, especialmente as conotações espirituais do nacionalismo, devem ser rejeitadas como formulações metafísicas, ou seja, formulações que não têm lugar no mundo racional e científico das RI. O resgate das formas de pensar não ocidentais, enfatizando seu hibridismo epistemológico, aponta para o caminho contrário.

PARTE III
TEORIAS NORMATIVAS

Comunitarismo e cosmopolitismo

Conforme discutimos na "Introdução", as teorias normativas envolvem todas as abordagens conceituais cujo foco principal é o estabelecimento de padrões de conduta e recomendações de certos modos de vida e estruturas institucionais para as relações internacionais. Uma teoria normativa é o reino da ética e de suas implicações para o comportamento humano. A política internacional exige do analista a solução para uma série de problemas. Uma teoria explicativa provê os instrumentos necessários à compreensão e fornece possíveis soluções aos problemas. Já uma teoria normativa sugere qual dessas soluções é a que deve ser utilizada por uma questão de justiça. O propósito da teoria normativa é, portanto, estabelecer quais são os valores, objetivos e razões justas que o internacionalista deve defender por meio de sua ação política.

Em termos amplos, as teorias normativas estão preocupadas em responder perguntas sobre o que devemos fazer na vida política, que objetivos devemos almejar, quais regras devemos obedecer e quais instituições devemos construir e apoiar. Em termos kantianos, a teoria normativa envolve o uso da "*razão prática*" (análise sobre qual ação deve ser tomada) como algo distinto da "*razão teórica*" (análise sobre os fatos e por que eles acontecem), base do pensamento teórico explicativo.

Em boa parte da literatura contemporânea sobre teorias de RI, as reivindicações normativas são caracterizadas como afirmações valorativas baseadas em prescrições sobre o que deve ser feito, enquanto teorias explicativas são entendidas como objetivas e descrições da realidade social. O discurso dominante das Relações Internacionais enfatiza que esses dois grupos de teorias são fundamentalmente distintos. Os argumentos normativos podem ser justificados, mas não podem ser logicamente "provados" ou verificados empiricamente, assim como os "fatos sociais" apurados por investigação empírica não podem ser contestados só porque são normativamente insatisfatórios ou injustos. Essa diferença mostra que o desenvolvimento da investigação normativa e empírica são dois ramos de investigação distintos, altamente especializados e com pouco interesse ou contato entre si.

Assim, a teoria normativa significa ir além do simples entendimento do *modus vivendi* do sistema internacional. Busca discutir obrigações morais de práticas individuais e internacionais. No entanto, a discussão normativa deve ser balizada pela compreensão da realidade. Isso não significa que o internacionalista deve optar por uma interpretação estritamente realista – "o mundo é assim" –, mas sim desenvolver uma abordagem que permita avaliar as condições reais dos fenômenos com o intuito de sugerir ações de mudança – "sendo o mundo assim, os meios para alterá-lo a partir de certos critérios morais são esses".

As teorias normativas tiveram, pelo menos desde os anos 1970, um espaço relevante na Filosofia Política, mas o mesmo não se pode dizer das Relações Internacionais. As teorias normativas demoraram para ser incluídas nos debates teóricos em RI. Apenas recentemente os manuais começaram a refletir o debate normativo e introduzir as ideias de autores como John Rawls e Michael Walzer nos temas contemporâneos da área. Por exemplo, o manual de Reus-Smith e Snidal (2008) não apenas discute o que são as teorias normativas, mas mostra como todas as teorias de RI tradicionais (realismo, liberalismo etc.) também são normativas na medida em que carregam dentro de si princípios de justiça camuflados, muitas vezes vendidos erroneamente como objetivos e neutros.

Houve um atraso de pelo menos quarenta anos nas Relações Internacionais até que as primeiras análises normativas começassem a introduzir discussões éticas que já vinham sendo desenvolvidas na Filosofia Política. Foi a publicação do livro de Chris Brown, *International Relations Theory: New Normative Approaches* (1992), que finalmente trouxe o debate normativo para dentro das RI, recuperando autores da própria disciplina que vinham trabalhando com o tema, mas que não haviam ainda se tornado referência. Brown mostra como o pensamento realista não permitia que as discussões normativas tomassem corpo em RI por causa do domínio axiológico da racionalidade instrumental das teorias explicativas, que rejeitavam julgamentos valorativos porque os associavam ao idealismo dos anos 1910-20 (ver o capítulo "Liberalismo").

Atualmente, não se pode mais falar em teorias explicativas em RI sem discutir sua carga normativa. Por exemplo, para o realismo, a prioridade da busca pelo poder marginaliza todos os outros objetivos. Os realistas afirmam que a moralidade é relativa e não algo amplamente compartilhado entre Estados. Para eles, os padrões éticos e da moral não se aplicam à política e devem ser substituídos pela consideração mais fundamental, qual seja, a busca pelo poder. A natureza humana e a anarquia internacional são os principais motivos pelos quais os realistas defendem que argumentos mais limitados e práticos devem prevalecer nas relações internacionais. Embora os realistas rejeitem o pensamento normativo, justificando que o reino da ética é ingênuo, a própria noção de que tudo vale para assegurar o poder também é uma afirmação moral sobre o mundo. Parece ser justo cometer atrocidades em nome da manutenção ou ampliação do poder do Estado.

Dessa maneira, o realismo, assim como o liberalismo, o marxismo etc., não são teorias neutras do ponto de vista moral. Se as teorias críticas buscam desmascarar as relações de poder que as teorias explicativas fingem não reproduzir, as teorias normativas buscam mostrar como todas as teorias explicativas são também morais e éticas. Os estadistas, ao se inspirarem no realismo ou no marxismo para implementarem suas políticas externas, acabam absorvendo a carga moral dessas teorias.

Mas como avaliar de uma maneira mais ampla a normatividade das teorias e dos discursos políticos nas Relações Internacionais? As teorias normativas têm duas chaves conceituais para fazer tal avaliação. Isto é, a controvérsia sobre questões éticas está ligada, por um lado, às discussões sobre regras universais preexistentes para a ação individual e, por outro, a uma natureza humana condicionada pelas circunstâncias comunais dos indivíduos. Esses dois campos aparentemente incompatíveis – cosmopolitas *versus* comunitaristas – marcam o debate contemporâneo de Teorias de RI normativas.

Segundo esse debate, todas as avaliações normativas da política internacional devem ser analisadas a partir desses dois critérios antagônicos. Por exemplo, uma intervenção humanitária de grandes potências para cessar um massacre étnico de uma minoria em um país pobre deve ser avaliada a partir de critérios universais e abstratos de justiça ou a partir dos critérios comunais de onde aquele evento ocorre? Uma intervenção dessa maneira poderia ser considerada uma ação imperial? Uma não ação poderia assegurar a manutenção de um sistema local conservador que permite massacre de minorias? Qual o critério para julgar se a intervenção é justa ou injusta?

Com efeito, esses dois grandes grupos teóricos – cosmopolitismo e comunitarismo – dão ao analista as ferramentas morais e éticas com as quais é possível fazer avaliações de justiça como esta, assim como avaliar normativamente as próprias teorias de RI. Na verdade, não há um só tema das relações internacionais contemporâneas que não seja atravessado por considerações éticas e normativas. Qualquer guerra é justificada com base em argumentos morais.

Neste capítulo, revisaremos, então, as duas principais correntes do pensamento ético em Relações Internacionais. Primeiro, discutiremos as premissas do cosmopolitismo e trataremos das obras de John Rawls (1921-2002), *Uma teoria da justiça* (1971) e *O direito dos povos* (1999), e de Charles Beitz (1949-), *Political Theory and International Relations* (1979).

Segundo, abordaremos as premissas centrais do comunitarismo e discutiremos os trabalhos de Michael Walzer (1935-), *Esferas da justiça* (1983), e de Michael Sandel (1953-), *Liberalismo e os limites da justiça* (1982). Por fim, faremos um exercício intelectual de comparação entre cosmopolitismo e comunitarismo usando a experiência indígena brasileira.

AS PREMISSAS DO COSMOPOLITISMO

O cosmopolitismo possui quatro premissas básicas. *Primeiro*, a teoria defende que quatro princípios políticos – a imparcialidade, a universalidade, o individualismo e o igualitarismo – devem reger a vida de todos os indivíduos. Ou seja, a ideia fundamental é que cada pessoa afetada por um arranjo institucional qualquer deve receber um tratamento igualitário e imparcial dessa instituição. Os indivíduos são as unidades básicas da análise moral cosmopolita e seus interesses devem ser levados em conta por um ponto de vista imparcial de avaliação institucional. Isso representa a percepção kantiana da moralidade, segundo a qual todos os seres humanos fazem parte de um universo moral único em virtude de sua capacidade comum de agir e pensar racionalmente. Além disso, como todos os seres humanos são agentes racionais, todos devem ser considerados de maneira igualitária pelas instituições, ficando proibido a alguns indivíduos exigirem exceções para seus casos particulares.

Segundo, para os cosmopolitas a primeira virtude das instituições sociais é a justiça. O cosmopolitismo defende a prioridade da justiça sobre os poderes estatais, o bem-estar econômico e as tradições religiosas. Ou seja, o papel central do Estado é proteger as liberdades individuais e não fazer dos indivíduos cidadãos virtuosos. Não cabe ao Estado promover o bem comum tendo como base alguma visão de mundo coletiva (doutrina do bem coletivo), mesmo que essa doutrina represente a maioria. Cabe às instituições proteger as liberdades individuais. Assim, os defensores do cosmopolitismo argumentam que uma sociedade justa não deve ser governada em nome do bem comum. Pelo contrário, uma sociedade justa é representada por uma estrutura de direitos, deveres e/ou liberdades dentro da qual as pessoas podem perseguir livremente suas visões acerca de suas próprias vidas (doutrinas do bem), seja de maneira individual ou associada. Nesse esquema, não há nenhum bem ou fim justo que seja comum a todos os membros da comunidade. O único fim justo das instituições é resguardar os direitos dos indivíduos de exercerem livremente sua forma de ver e viver o mundo. Uma sociedade justa é, portanto, governada pela lei e regulada por princípios de direito e/ou justiça, os quais não representam ou pressupõem a superioridade de um modo de vida sobre os demais.

Terceiro, o cosmopolitismo é universalista porque busca o respeito incondicional à pessoa humana como um fim em si mesmo. A tese central segue a ideia segundo a qual uma visão de direitos humanos amplos (políticos, econômicos, sociais etc.) deve ser aplicada a qualquer pessoa em qualquer lugar do mundo, sem que contingências históricas ou circunstâncias naturais interfiram nessa aplicação. Ou seja, os princípios dos direitos humanos amplos são universais e aplicáveis a todos os indivíduos, não cabendo ao direito nacional restringir esses direitos universais. Pelo contrário, o arcabouço jurídico nacional – as instituições que regulam a vida dos indivíduos – deve assegurar esses direitos para todos. Enfim, o centro de toda abordagem cosmopolita é o indivíduo universal e abstrato e não os grupos ou as comunidades em que tais indivíduos vivem.

Quarto, o imperativo categórico kantiano é um conceito central para o cosmopolitismo. Em *A fundamentação da metafísica dos costumes* (1797), o filósofo alemão Immanuel Kant sustenta a existência de uma regra de conduta que é incondicional e absoluta a cada um, cuja validade ou reivindicação não depende de qualquer desejo ou circunstância histórica dos indivíduos. Por exemplo, "não roubar" é categórico e diferente dos imperativos associados ao desejo, como "não roube se quiser satisfazer a pessoa amada". Kant caracterizou o "imperativo categórico" como um princípio objetivo, racionalmente necessário e incondicional que os indivíduos devem sempre seguir, apesar de seus desejos naturais ou inclinações que possam ter em contrário. Para Kant, o "imperativo categórico" se expressa em uma fórmula: "Trate a humanidade, seja sua própria pessoa ou outra, sempre como um fim e nunca apenas como um meio".

Esse princípio é a base moral do cosmopolitismo. Representa um desafio convincente à variabilidade histórica e cultural das crenças morais. Todos os indivíduos, independentemente de suas origens históricas e sociais, devem ser avaliados a partir de princípios categóricos e universais de justiça, exatamente porque todos os indivíduos são igualmente racionais e possuem um conjunto de direitos inalienáveis. O Estado não pode (e não deve) infringir esse direito universal. Como veremos, John Rawls vai construir sua obra máxima – *Uma teoria de justiça* (1971) – utilizando o "imperativo categórico" kantiano. Para Rawls, agir a partir de princípios de justiça é agir a partir do imperativo categórico.

No quadro que segue resumimos as quatro premissas do cosmopolitismo:

| Os indivíduos são as unidades básicas da análise moral cosmopolita e seus interesses devem ser levados em conta por um ponto de vista imparcial da avaliação institucional |

| O papel central do Estado é proteger as liberdades individuais e não fazer dos indivíduos cidadãos virtuosos | O centro de toda abordagem cosmopolita é o indivíduo universal e abstrato e não os grupos ou as comunidades em que tais indivíduos vivem | O cosmopolitismo segue o imperativo categórico kantiano segundo o qual existe uma conduta incondicional e absoluta a todos os indivíduos, cuja validade ou reivindicação não depende de qualquer desejo ou circunstância histórica destes indivíduos |

OS AUTORES DO COSMOPOLITISMO: JOHN RAWLS E CHARLES BEITZ

O livro *Uma teoria da justiça* (1971), do filósofo americano John Rawls (1935-2002), deu início a um renascimento dramático da filosofia política. O livro vendeu cerca de 400 mil cópias apenas em inglês e foi traduzido para 28 idiomas. Estimulou filósofos, economistas, juristas e cientistas políticos a contribuir com a teoria política e desde então tem atraído milhares de jovens aos debates que Rawls começou. *Uma teoria da justiça* é um verdadeiro clássico, que provavelmente será lido e ensinado por muitas décadas. No entanto, sua obra vai além deste livro seminal. Em 1993, o autor publicou o livro *O liberalismo político*, no qual atualiza suas propostas vistas em *Uma teoria da justiça*. Finalmente, em 1999 publicou sua obra mais internacionalista – *O direito dos povos* –, na qual busca adaptar suas ideias progressistas às Relações Internacionais e cria uma verdadeira proposta ética para o sistema internacional.

O professor americano Charles Beitz (1949-) publicou o livro *Political Theory and International Relations* em 1979, fruto da sua tese de doutorado em Princeton. Beitz foi um dos primeiros a tomar vantagem da revolução intelectual promovida por Rawls. Beitz questionou a predominância do pensamento realista e liberal nas RI e buscou resgatar o respeito aos valores e à ética. Seu livro se tornou um divisor de águas no pensamento normativo em Relações Internacionais e foi incorporado pelo próprio Rawls no livro *O direito dos povos* em 1999.

Rawls e a justiça liberal

Em *Uma teoria da justiça*, Rawls desenvolve uma concepção sobre como as instituições domésticas devem ser avaliadas eticamente. Para o autor, a justiça das instituições deve ser avaliada a partir de dois princípios de justiça principais. O primeiro sustenta que cada pessoa tem a mesma reivindicação irrevogável a um conjunto de liberdades básicas igualitárias que deve ser compatível com a liberdade de todos. As instituições políticas e sociais devem trabalhar para resguardar esses direitos inalienáveis. Esse princípio afirma que todos os cidadãos devem ter os seguintes direitos e liberdades básicos assegurados: liberdade de consciência e liberdade de associação, liberdade de expressão, o direito de votar, de ocupar cargos públicos e de ser tratado de acordo com o Estado de direito. O primeiro princípio concede esses direitos e liberdades a todos os cidadãos igualmente. Uma instituição é justa se assegura tais direitos a todos os indivíduos.

O segundo princípio diz que as instituições devem superar as desigualdades sociais e econômicas. Essa superação deve acontecer de duas maneiras. Primeiro, abrindo cargos e posições sociais de peso a todos os indivíduos em condições de igualdade de oportunidades, independentemente de sua origem, raça ou credo. Segundo, todas as instituições devem estar voltadas a beneficiar os membros menos favorecidos da sociedade. Rawls defende o "princípio da diferença" para regular a distribuição de riqueza e renda entre os indivíduos de uma sociedade. O princípio da diferença requer que quaisquer benefícios sejam voltados para a maior vantagem daqueles menos favorecidos na sociedade. As instituições agem, seja por meio da criação de oportunidades ou pela transferência de recursos, para favorecer os mais pobres. Como veremos, o "princípio da diferença" será importante para entender a proposta rawlsiana para as relações internacionais.

Nesse contexto, o primeiro princípio de liberdades básicas deve ser incorporado na constituição política de um país, enquanto o segundo se aplica principalmente às instituições econômicas. O cumprimento do primeiro tem prioridade sobre o cumprimento do segundo, e, dentro do segundo, a igualdade justa de oportunidades tem prioridade sobre o princípio da diferença. Rawls chama o arranjo dessas instituições de estrutura básica da sociedade. A estrutura básica é a base da justiça porque essas instituições distribuem os principais benefícios e encargos da vida social: quem receberá o reconhecimento social, quem terá quais direitos básicos, quem terá oportunidade de conseguir trabalho, qual a distribuição de renda e a riqueza, e assim por diante.

Um conceito importante para entender a obra de Rawls é "véu da ignorância", um conceito com longa tradição na filosofia política. A versão do autor para o conceito é baseada no seguinte experimento de pensamento: pessoas que tomam decisões políticas não sabem nada sobre os talentos, habilidades, gostos, classes sociais e posições particulares que os indivíduos têm dentro de uma ordem social. A liderança se encontra sob o "véu da ignorância" nessa "posição original" hipotética. Esse momento é anterior à formação da própria sociedade, as partes selecionam os princípios políticos para a distribuição de direitos, posições e recursos na sociedade em que viverão. Esse "véu de ignorância" os impede de saber quem receberá uma determinada distribuição de direitos, posições e recursos naquela sociedade. A ideia é que as partes sujeitas a ele farão escolhas com base em considerações morais igualitárias, uma vez que não serão capazes de agir em seu interesse de classe, raça, credo etc.

No livro *Uma teoria da justiça*, Rawls trata pouco das Relações Internacionais. É apenas no livro *O direito dos povos* que o autor tenta transportar sua proposta liberal de sociedades domésticas para o ambiente internacional. No entanto, ao contrário das expectativas dos cosmopolitas mais ferrenhos, Rawls propõe uma análise relativamente conservadora para o plano internacional.

Para o autor, o "véu da ignorância" não age sobre indivíduos no plano internacional. Pelo contrário, Rawls propõe um deslocamento da unidade de análise ética do indivíduo desimpedido que age sob o "véu da ignorância" para "povos", os quais não agem sob o mesmo princípio. Duas ideias principais motivam *O direito dos povos*. Uma é que os grandes males da história humana – guerra, opressão, perseguição religiosa e negação da liberdade de consciência, fome e pobreza – decorrem da injustiça política. Outra ideia é que, uma vez que as formas mais graves de injustiça política sejam eliminadas seguindo políticas sociais justas (ou pelo menos decentes) e estabelecendo instituições básicas justas, esses grandes males tendem a desaparecer. Assim, a característica mais importante para que a "utopia realista" de Rawls se concretize nas relações internacionais é que todas as sociedades sejam internamente bem ordenadas, ou seja, que todas tenham instituições políticas domésticas justas, ou pelo menos decentes.

O autor afirma que nenhum Estado mundial acima dos Estados-nações poderia ser estável. Ele cita Immanuel Kant (ver o capítulo "Liberalismo") ao afirmar que um governo mundial seria tomado por despotismo ou sitiado por grupos que lutam para obter sua independência política. O direito dos povos proposto pelo autor será internacional e não cosmopolita. Isto é, a proposta ética da ordem global de Rawls tem como centro uma reforma das sociedades não liberais no sentido de se tornarem sociedades liberais.

Nesse contexto, Rawls elenca os oito princípios que deveriam ordenar a estrutura básica da sociedade dos povos. O que se pode notar é um conjunto de princípios relativamente conservadores e comuns ao Direito Internacional já vigente:

1. Os povos são livres e independentes, e sua liberdade e independência devem ser respeitadas por outros povos

2. Os povos devem observar os tratados e compromissos internacionais

3. Os povos são iguais e fazem parte dos acordos que os vinculam

4. Os povos devem cumprir o dever de não intervenção (exceto para lidar com violações graves dos direitos humanos)

5. Os povos têm o direito de autodefesa, mas não têm o direito a instigar a guerra por outras razões que não a autodefesa

6. Os povos devem honrar os direitos humanos

7. Os povos devem observar certas restrições específicas na condução da guerra

8. Os povos têm o dever de ajudar os demais povos que vivem em condições desfavoráveis que os impedem de ter um regime político social justo ou decente

Para Rawls, os povos se consideram livres no sentido de serem legitimamente independentes; e iguais em se considerarem igualmente merecedores de reconhecimento e respeito dos demais. Os povos são razoáveis no sentido de que honrarão os termos justos de cooperação com outros povos, mesmo que isso custe seus próprios interesses, visto que outros povos também honrarão esses termos. Os povos razoáveis, portanto, não estão dispostos a tentar impor seus ideais políticos ou sociais a outros povos razoáveis.

No entanto, Rawls deu um passo atrás na sua proposta cosmopolita para a sociedade internacional na medida em que deslocou o centro da análise do indivíduo, visto em *Uma teoria da justiça*, para a comunidade, centro da análise dos comunitaristas, como veremos adiante.

CHARLES BEITZ
E A JUSTIÇA GLOBAL DISTRIBUTIVA

Inspirado pela obra *Uma teoria de justiça* de Rawls, Charles Beitz propõe no livro *Political Theory and International Relations* uma justiça global distributiva tipicamente cosmopolita para mitigar os efeitos eticamente inaceitáveis da pobreza e da desigualdade em níveis globais. A razão central desse argumento encontra-se na defesa que Beitz faz da existência de valores internacionalmente compartilhados (a ideia de uma comunidade global) por indivíduos e povos. Como observamos, tais valores são contestados por Rawls em *O direito dos povos*, dificultando a criação de eventuais mecanismos de justiça distributiva internacional em consonância com o "princípio da diferença" por ele mesmo criado. Ao não conseguir replicar o espírito cosmopolita desse princípio, Rawls propôs, em *O direito dos povos*, mecanismos distributivos insuficientes para uma proposta de uma reforma cosmopolita do sistema internacional.

No debate sobre justiça internacional alguns autores arvoram-se mais condizentes com o espírito cosmopolita de Rawls do que ele próprio. Tais autores, entre eles Charles Beitz, ao endossarem a mensagem central de *Uma teoria da justiça*, acreditam que a concepção de justiça doméstica de Rawls poderia ter uma aplicação mais ampla no sistema internacional, algo não visto em *O direito dos povos*. Assim, muitos daqueles que concordam com aspectos centrais da teoria da justiça rawlsiana não escondem certo desconforto com a posição cética de Rawls quanto à possibilidade da criação de princípios cosmopolitas para a reforma do sistema internacional.

Para Beitz, há duas razões para promover-se a justiça distributiva internacional nos moldes do Rawls visto em *Uma teoria da justiça*. O primeiro argumento concebe os Estados como entidades autossuficientes, nas quais posses diferenciadas de recursos naturais são geradoras de desigualdades que precisam ser reduzidas. O segundo argumento sustenta que os Estados vivem em um sistema internacional interdependente no qual suas interações geram desigualdades entre os indivíduos. Assim, ao considerar os Estados nacionais como entidades autossuficientes, Beitz utiliza o argumento original de Rawls para pensar no desenvolvimento de princípios de justiça internacional.

Beitz também sustenta que é errado assumir que onde não há cooperação social não há problemas de distribuição de recursos. Rawls argumenta que no plano internacional não há cooperação social suficiente para que haja problemas nesse sentido. Para Beitz, contudo, os laços morais não são limitados àqueles com quem nós nos envolvemos exclusivamente em esquemas cooperativos (sociedades domésticas). Ele propõe um esquema global de cooperação social entre os Estados que gere benefícios coletivos que devem ser redistribuídos.

Nesse ponto, há uma diferença importante entre os dois autores. Enquanto Beitz acredita na existência de um sistema internacional com recursos coletivos suficientes para serem distribuídos, Rawls nega essa possibilidade, pois para ele, em um mundo de unidades autossuficientes, não há produção coletiva de bens para serem divididos de maneira mais equânime. Na visão rawlsiana, os recursos são majoritariamente nacionais, gerados pelas instituições políticas domésticas e, somente a partir delas, esses recursos devem ser distribuídos.

Por fim, Beitz assegura que a imagem Estado-cêntrica do sistema internacional perdeu relevância por causa da ascensão da interdependência econômica. Assim, princípios de justiça distributiva "devem ser aplicados em primeira instância para o mundo como um todo; em seguida, aos estados nacionais". Conforme o autor, o princípio global mais apropriado seria algo parecido com "a concepção geral de justiça de Rawls". O autor argumenta que se considerarmos o mundo totalmente interdependente é possível enquadrá-lo no esquema de cooperação rawlsiano para o plano doméstico e, consequentemente, aplicar o princípio da diferença para todos os indivíduos no âmbito global. Beitz tenta, portanto, aplicar o princípio da diferença rawlsiano, pensado para as sociedades domésticas, para a sociedade global, o que implica a transferência de recursos dos países ricos para os indivíduos mais pobres dos países em desenvolvimento.

AS PREMISSAS DO COMUNITARISMO

O comunitarismo possui quatro premissas básicas. *Primeiro*, os comunitaristas duvidam que uma sociedade possa ser governada pela justiça liberal. Para eles, não existem princípios universais de moralidade descobertos pela razão como deseja Kant, mas sim um tipo de moralidade baseada nas práticas das comunidades realmente existentes. Os comunitaristas optam claramente pelos valores comunitários em detrimento do liberalismo cosmopolita, o que acarreta em um tipo de sociedade que não é governada pela imparcialidade de instituições, mas sim pelo bem comum.

Uma sociedade só é justa se a vida comunitária for fiel aos valores substantivos e compartilhados de seus membros. Não há princípios universais que possam substituir os significados sociais locais. O exercício de justiça distributiva não deve ser global, mas sim local. Para os comunitaristas, faz parte da natureza da sociedade o fato de os indivíduos se encontrarem presos a padrões de relacionamento, redes de poder e comunidades de significados sociais. Essas redes raramente englobam valores universais, como aqueles defendidos pelos liberais cosmopolitas. O intuito cosmopolita de encontrar princípios de justiça absolutos criou metáforas metafísicas implausíveis que não admitem o peso e importância da comunidade na formação identitária dos indivíduos.

Segundo, os comunitaristas opõem-se ao suposto comprometimento cosmopolita ao "indivíduo desimpedido" ou à sua falta de atenção às origens comunais dos princípios de justiça. A fonte ética central dos comunitaristas é a comunidade e seus valores e não o indivíduo racional e universal como querem os cosmopolitas. Isso não significa, contudo, que os comunitaristas não acreditem no valor moral do indivíduo em si, mas a prioridade encontra-se em certo tipo de indivíduo (conacionais) sobre outros (estrangeiros). O cosmopolitismo esquece que os indivíduos não são meras abstrações, mas sim seres sociais. Por conseguinte, as comunidades em que os princípios de justiça podem e devem ser aplicados são os Estados-nações e não todo o sistema de nações.

Terceiro, para os comunitaristas, o cosmopolitismo não se preocupa com a importância de certos tipos de obrigações e comprometimentos explicitamente estabelecidos por contratos ou promessas, tais como obrigações com a família, comunidade e país. Esses comprometimentos dão sentido à vida comunal e precisam ser resguardos pelo Estado e pelas instituições. A lógica cosmopolita não considera essas promessas justas porque elas podem, em nome do bem comum, violar direitos universais e abstratos que todos os indivíduos possuem independentemente de origem, credo ou local.

Quarto, uma parte central do argumento dos cosmopolitas é que os Estados são importantes e devem ser valorizados pelos membros de uma sociedade. Para eles, a justiça é relevante apenas dentro dos Estados, exatamente porque é onde os indivíduos consentem ser governados por certos princípios e concordam em sofrer coerção caso seja necessário. A maioria das pessoas deseja ser governada pelos seus e não por estrangeiros (não familiares). Nesse sentido, Walzer (2006) enxerga o problema da justiça como decorrente de questões nacionais (domésticas) e relacionado ao Estado e não a uma lógica global. Daí a pregação do autor no sentido de se fazer justiça não por meio de reformas em uma eventual estrutura global ou pelo enfraquecimento da soberania como querem os cosmopolitas, mas sim pelo fortalecimento do Estado nacional.

No quadro a seguir resumimos as quatro premissas do comunitarismo:

Os comunitaristas duvidam que uma sociedade possa ser governada pela justiça liberal. Para eles, não há princípios universais e abstratos de moralidade, mas sim um tipo de moralidade baseada nas práticas das comunidades realmente existentes

Os comunitaristas opõem-se ao suposto comprometimento cosmopolita ao "indivíduo desimpedido" ou à sua falta de atenção às origens comunais dos princípios de justiça	Para os comunitaristas, a associação de indivíduos é baseada na solidariedade comunal e as subjetividades não existem em isolamento, fora da comunidade	Deve-se fazer justiça não por meio de reformas em uma eventual estrutura global ou pelo enfraquecimento da soberania, mas sim pelo fortalecimento do Estado nacional

OS AUTORES DO COMUNITARISMO: MICHAEL SANDEL E MICHAEL WALZER

Nesta seção, revisaremos as obras dos filósofos comunitaristas Michael Sandel, professor em Harvard, e Michael Walzer, professor de Instituto de Estudos Avançados de Princeton. Michael Sandel publicou o livro *Liberalismo e os limites da justiça*, em 1982, que o catapultou como um dos principais críticos da obra de John Rawls. Autor de dezenas de livros sobre filosofia moral, Sandel é um dos mais influentes filósofos contemporâneos.

Suas aulas no YouTube são assistidas por milhares de estudantes mundo afora. Em 2010, publicou o importante livro *Justiça: o que é fazer a coisa certa?*, no qual revisa as diversas teorias da justiça e faz uma defesa do comunitarismo. O filósofo marxista Michael Walzer ficou famoso ao publicar em 1977 o livro *Guerras justas e injustas: uma argumentação moral com exemplos históricos*, no qual revisa as tradições filosóficas da guerra justa. Porém, seu texto mais influente para os debates acerca do comunitarismo é *Esferas da justiça: uma defesa do pluralismo e da igualdade*, de 1982. Como veremos, nesse texto Walzer defende a teoria da "igualdade complexa" para se contrapor a Rawls.

Michael Sandel e os limites da justiça cosmopolita

Uma sociedade liberal não busca impor um único estilo de vida, mas deixa seus cidadãos o mais livres possível para escolher seus próprios valores. Portanto, ela não deve ser regida por princípios de justiça que pressupõem alguma visão particular do que seria uma boa vida. Mas esses princípios abstratos podem ser facilmente encontrados pelos indivíduos? E se não forem encontrados, quais seriam as consequências para a justiça como ideal moral e político? Essas são as questões que Michael Sandel levanta na crítica que faz do liberalismo kantiano e sua expressão contemporânea mais influente – a obra de John Rawls. No livro *Liberalismo e os limites da justiça*, Sandel traça os limites do liberalismo para a concepção da pessoa e da justiça, defendendo uma compreensão mais profunda da relação desse indivíduo com a comunidade do que o liberalismo permite.

Sandel enfatiza que o indivíduo não pode ter identidade e valor moral anterior e independente de sua comunidade. Ele afirma que a comunidade define não apenas o que ele tem em comum com os concidadãos, mas também o que ele é como indivíduo. Ele não "escolhe" um relacionamento como quer Rawls. A comunidade é algo que ele/ela descobre ao longo da vida. Não se trata de apenas um atributo dado, mas algo constituinte de sua identidade. Contra o relato de Rawls acerca da escolha objetiva de princípios de justiça por trás de um "véu de ignorância", Sandel argumenta que imaginar uma pessoa incapaz de apegos constitutivos não é conceber um sujeito idealmente livre e racional, mas sim imaginar uma pessoa totalmente sem profundidade moral. Tal pessoa abstrata não conseguiria, acredita Sandel, fazer qualquer escolha moral.

Para o autor, se as pessoas atendessem espontaneamente às necessidades dos outros a partir do amor ou de objetivos comuns, não haveria necessidade de reivindicar os direitos. Os atos de amor assegurariam a igualdade entre os indivíduos. Em contraste, uma maior preocupação com a justiça em termos abstratos pode, em algumas circunstâncias, agravar a situação moral do indivíduo porque não reflete amor ou objetivos comuns. Sandel sugere que a família é a instituição social na qual a justiça não é necessária e onde a preocupação com a justiça liberal pode diminuir o senso de amor e objetivos comuns, levando a mais conflitos. A célula familiar é a base da formação comunitária. Se a comunidade assegura os direitos dos indivíduos, então não há necessidade de lançar mão de uma justiça abstrata cosmopolita.

Sandel se opõe ao Estado neutro. Ele acredita que a concepção de Estado neutro de Rawls deveria ser trocada por uma "política do bem comum". Em uma sociedade comunitária, o bem comum é concebido como uma concepção substantiva da boa vida que define o caminho da vida em comunidade. E esse bem comum, em vez de se ajustar ao padrão de preferências das pessoas, fornece um padrão geral a partir do qual as preferências dos indivíduos são construídas e avaliadas. O modo de vida da comunidade constitui, portanto, a base para uma classificação pública de concepções do bem.

Michael Walzer e as esferas da justiça

O argumento central de Walzer na obra *Esferas da justiça* é a teoria da "igualdade complexa". Em contraposição ao liberalismo de Rawls, Walzer sustenta que não existe apenas uma única esfera de justiça distributiva global, mas diferentes esferas de justiça para diferentes bens, e que essas esferas variam entre e dentro das comunidades. Isto é, há uma série de bens a serem distribuídos que são avaliados por diferentes esferas éticas dentro de comunidades particulares e não por apenas uma esfera global de justiça. Ele defende uma "igualdade complexa" que é fiel às compreensões normativas plurais e complexas dos diferentes bens que devem ser distribuídos por e dentro de cada sociedade a partir de diferentes princípios de justiça. Assim, Walzer procura dissociar o princípio da igualdade de ideias que o uniformizam em escala global, tal como visto em Beitz. Ele chama as ideias liberais rawlsianas ideias de "igualdade simples". Ou seja, uma igualdade identificada com um único princípio que é formulado em termos gerais e aplicado de forma totalizante, buscando obter uma distribuição de bens justa e igualitária para todos os indivíduos em todas as sociedades independentemente dessas diferentes esferas de justiça local.

Na opinião de Walzer, os seres humanos têm apenas capacidade de criar justiça localmente. Eles estabelecem e mantêm regras, práticas e instituições de justiça específicas para suas comunidades particulares. Em contraste às aspirações universalistas de Rawls, o autor enfatiza que diferentes sociedades desenvolvem e endossam diferentes ideias sobre o que seria uma boa vida, o que leva a diferentes princípios e regras que organizam as sociedades. Em sua opinião, todos os relatos importantes e substantivos sobre como deve funcionar a justiça distributiva são sempre locais. Esses relatos variam de comunidade para comunidade e por isso é importante analisar os princípios da justiça apenas em relação àquilo que representam para os indivíduos que vivem naquela sociedade.

Em suma, para Walzer existe uma série de diferentes esferas da vida ética. Cada bem social, ou conjunto de bens sociais, tem um critério de distribuição que é interno a cada uma dessas esferas, que acabam dando o significado social para esse bem. Assim, a igualdade não é alcançada por uma equalização global de algum bem particular, como querem Rawls e Beitz, mas por meio de diversos princípios distributivos aplicados em diferentes esferas da vida, os quais não são necessariamente igualitários, mas que fazem sentido dentro das diferentes esferas da vida em comunidade. É isso que Walzer chama de "igualdade complexa". Isto é, não há uma única régua global capaz de medir e aplicar justiça para todos os indivíduos em todas as comunidades do globo. Essa régua é sempre local e está sujeita a diferentes esferas de justiça.

* * *

Em um belo ensaio intitulado "Manifesto Antropófago II – Oswald de Andrade" (1999), o filósofo brasileiro Sérgio Paulo Rouanet psicografa Oswald de Andrade, um dos líderes da Semana de Arte Moderna de 1922 no Brasil, para tratar da diferença ética entre os índios tupinambás (cosmopolitas) e os caetés (comunitaristas). Segundo Oswald psicografado:

> Os caetés nunca saíram do lugar. Os tupinambás viajaram muito. A antropofagia dos caetés é provinciana. A antropofagia dos tupinambás é cosmopolita. Os caetés se gabam de terem comido um bispo português. Coisa de nada. Foi uma pequena fome, um canibalismo chauvinista, incapaz de alterar os rumos da história mundial. Os tupinambás têm uma grande fome, que não recua diante da própria cultura tupinambá. Antropofagia autofágica, heterofágica, panfágica: antropofagia da grande taba do mundo. Os caetés são filhos de sua tribo. Comem e absorvem, comem e expelem, mas só absorvem o que for útil para a tribo, só expelem o que não for bom para a tribo. Os tupinambás, não. Sabem ser nativos, mas também sabem ser exilados, e enquanto exilados veem tudo de fora, julgam tudo de fora, e decidem absorver ou expelir segundo critérios diferentes dos critérios tribais. Os caetés querem ter raízes. Os tupinambás querem ter asas.

Esta é síntese do debate ético entre cosmopolitas e comunitaristas. Entre aqueles que julgam o mundo de acordo com critérios globais de justiça e aqueles que julgam conforme princípios éticos locais. Não há uma resposta certa nos debates normativos. Há diferentes visões sobre critérios de justiça e sobre aquilo que deve ser feito perante as injustiças, sejam elas globais ou locais. As teorias normativas não querem explicar ou interpretar o mundo. Querem que cada um de nós julgue as ações e pensamentos dos indivíduos (e nossos) sobre o mundo a partir de critérios de justiça.

Conclusão

O objetivo central deste livro foi apresentar aos alunos e às alunas de Relações Internacionais do Brasil uma visão plural das teorias de RI baseada em três metateorias: teorias explicativas, teorias interpretativas e teorias normativas. Começamos com as teorias explicativas clássicas que constituíram o campo de pesquisa no Ocidente: realismo, liberalismo, marxismo, Escola Inglesa e construtivismo. A partir do pós-modernismo, começamos a discutir as teorias interpretativas e a crítica que fazem ao domínio das teorias explicativas no campo. Tratamos de pós-modernismo, feminismo, teoria *queer* e pós-colonialismo. Nesta última parte, discutimos também as teorias não ocidentais e a promessa de construir uma disciplina mais global e menos eurocêntrica. Por fim, discutimos as teorias normativas e os dois campos morais antagônicos que as caracterizam: o cosmopolitismo e o comunitarismo.

Conforme apontamos na "Introdução", essa divisão das teorias por metateorias cria o trinômio metateórico – explicar, criticar, julgar. Esses termos marcam os pontos de partida epistemológicos que definem a forma pela qual se pensa criticamente as teorias de RI e, consequentemente, as relações internacionais como objeto de pesquisa e/ou pensamento. Um internacionalista deve, na medida do possível, conhecer essas três formas de pensar as relações internacionais sempre observando como os demais atores sociais (líderes políticos, acadêmicos, empresários, ativistas etc.) discutem e narram os acontecimentos políticos e sociais à sua volta. As questões básicas que um internacionalista sempre deveria ter em mente são as seguintes: Esses atores estão explicando um cenário das relações internacionais? Qual a teoria explicativa que mais se encaixa nessa explicação? Existe alguma explicação alternativa a esse cenário? Se eles estão explicando, então que narrativa de poder está por trás da explicação? Quem ganha e quem perde com ela? Essa explicação do mundo leva em consideração mulheres, pessoas LGBTs e ex-povos colonizados? Ou ainda: qual a carga normativa da explicação? Sob qual parâmetro de justiça ela é justa ou injusta?

Nas tabelas a seguir, resumimos os principais pontos de cada grande grupo metateórico. Na Tabela 1, dividimos as teorias explicativas em cinco aspectos relevantes – principais atores, nível de análise, tema central, epistemologia e ontologia. Na Tabela 2, dividimos as teorias interpretativas em três aspectos relevantes – tema, epistemologia e ontologia. Por fim, na Tabela 3, dividimos as teorias normativas em aspectos epistemológicos e ontológicos. O objetivo desses quadros é resumir a estrutura metateórica de cada teoria tratada no livro como uma forma de auxiliar o aluno de Relações Internacionais a construir um senso crítico plural das teorias dentro do trinômio explicar, criticar e julgar.

Tabela 1 – Teorias explicativas

	Realismo	Liberalismo	Marxismo	Escola Inglesa	Construtivismo
Atores fundamentais	Estado como ator central	Estado como ator central, mas outros atores sociais importam	Classes sociais como atores centrais	Estado-nação moderno como ator central	Estado como ator central, mas outros atores sociais importam
Nível de análise	Estrutural e materialista	Estrutural e materialista	Estrutural e materialista (Wallerstein) / Estrutural e ideacional (Cox)	Estrutural e ideacional	Estrutura e agente são coconstituídos socialmente
Tema	Guerra entre Estados	Cooperação entre Estados	Produção econômica capitalista (Wallerstein) e hegemonia internacional (Cox)	Construção de uma sociedade internacional e Estados	As identidades dos atores sociais que constroem as RI
Epistemologia	Separação sujeito-objeto e busca da verdade científica	Separação sujeito-objeto e busca da verdade científica	Transição entre separação sujeito-objeto (Wallerstein) e construção histórica do sujeito (Cox)	Separação sujeito-objeto e busca da verdade científica	Transição entre separação sujeito-objeto (Wendt) e intersubjetividade (Onuf e Kratochwil)
Ontologia	Estados racionais em busca do poder	Estados racionais que cooperam	Conflito de classes que define a relação entre os Estados e a produção capitalista	Estados que compartilham instituições, normas e regras para construir uma sociedade internacional	Agentes sociais que constroem e são construídos pela estrutura do sistema internacional

Tabela 2 – Teorias interpretativas

	Pós-modernismo	Feminismo	Teoria *queer*	Pós-colonialismo	Teorias não ocidentais
Tema	Práticas discursivas de atores e acadêmicos de RI	Práticas discursivas que marginalizam as mulheres	Práticas discursivas que marginalizam a população *queer*	Práticas discursivas que marginalizam os povos das ex-colônias	Resgatar o pensamento político de povos não ocidentais
Epistemologia	Crítica e reflexiva tendo como foco o discurso da modernidade nas RI e como isso mascara relações de poder e dominação	Análise das maneiras pelas quais o gênero influencia e deve influenciar as concepções sobre o conhecimento e práticas de investigação científica	Análise das maneiras pelas quais a sexualidade influencia e deve influenciar as concepções sobre o conhecimento e práticas de investigação científica	Análise das maneiras pelas quais o colonialismo influencia as concepções sobre o conhecimento e as práticas de investigação científica	Prover uma epistemologia híbrida que valorize o conhecimento político gerado por povos não ocidentais e sua relação com o pensamento ocidental
Ontologia	Práticas discursivas que mascaram o poder	Análise da posição da mulher em sociedade e na produção científica	Análise da posição da população *queer* em sociedade e na produção científica	Análise da raça e do racismo como conceitos que constroem as Relações Internacionais	Análise das formas de pensar dos povos não ocidentais

Tabela 3 – Teorias normativas

	Cosmopolitismo	Comunitarismo
Epistemologia	Epistemologia com base no imperativo categórico kantiano	Epistemologia com base nos princípios de justiça comunais
Ontologia	Avaliar normativamente as ações, as instituições políticas e o pensamento político internacionais a partir de critérios universais de justiça	Avaliar normativamente as ações, as instituições e o pensamento político internacionais a partir de critérios locais de justiça

Sugestões de leitura

A ideia aqui é sugerir algumas leituras adicionais que podem auxiliar o(a) aluno(a) e professor(a) interessado(a) em aprofundar os conhecimentos sobre determinada teoria ou tema das relações internacionais. Dividimos as dicas por capítulo e teoria para facilitar a leitura.

Sobre a diferença entre teorias explicativas e teorias interpretativas, sugerimos o capítulo introdutório escrito por Scott Burchill e Andrew Linklater do livro *International Relations Theory*, publicado em 1995 (1ª edição); e a seção introdutória do livro *International Relations Theory: a Critical Introduction*, de Cynthia Weber, publicado em 2005 (2ª edição).

Sobre o crescente pluralismo teórico de Relações Internacionais, sugerimos o capítulo de Jeffery Checkel "Theoretical Pluralism", encontrado no *Handbook of International Relations*, organizado por Walter Carlsnaes, publicado em 2013; e o capítulo de Christian Reus-Smit e Duncan Snidal intitulado "Between Utopia and Reality: The Practical Discourses of International Relations", publicado em 2008 no *Oxford Handbook of International Relations*.

Utilizamos um material diversificado sobre o realismo. Os mais importantes, contudo, seriam os capítulos que revisam o realismo como teoria. Primeiro, o escrito por Peter Katzenstein e Rudra Sil publicado no *The Oxford Handbook of International Relations* em 2008. Segundo, a parte intitulada "Realism" de autoria de Jack Donnelly no manual *Theories of International Relations* de 1995.

Sobre discussões mais gerais sobre o realismo, cabe mencionar o livro de Robert Crawford sobre as disputas entre realismo e idealismo, publicado em 2000 (*Idealism and Realism in International Relations: Beyond the Discipline*) e o primeiro capítulo do livro editado por Colin Wight e Jonathan Joseph sobre o realismo científico (*Scientific Realism and International Relations*, 2010).

As obras que revisam o liberalismo em RI podem ajudar. As mais importantes são capítulos que revisam o liberalismo como teoria. Primeiro, o que é intitulado "Liberalism", escrito por Scott Burchill no manual *Theories of International Relations*, de 1995. Segundo, o capítulo intitulado "Neoliberal Institutionalism", de Nicholas Rengger, publicado no *The Oxford Handbook of International Relations*, em 2008. E por fim, sobre a teoria liberal, o manual *Teorias das Relações Internacionais*, de João Pontes Nogueira e Nizar Messari.

Sobre o debate mais geral do liberalismo em RI vale a pena consultar o capítulo "The Liberal International Theory Tradition", escrito por Knud Erik Jørgensen no livro *International Relations Theory: A New Introduction* (2018) e o capítulo de David Baldwin intitulado "Neoliberalism, Neorealism and World Politics", publicado no livro *Neorealism and Neoliberalism: The Contemporary Debate* (1993).

É sempre difícil encontrar boas revisões sobre o marxismo em RI nos manuais tradicionais. Bons textos são os capítulos sobre o marxismo de Andrew Linklater no manual *International Relations Theory*, publicado em 1995 (1ª edição), de João Pontes Nogueira e Nizar Messari no manual *Teorias das Relações Internacionais* (2005) e de Jack Donnelly no *Oxford Handbook of International Relations* (2008). Um bom resumo dos conceitos fundamentais de Marx pode ser encontrado no livro *Marxism: Karl Marx's Fifteen Key Concepts* (2020), de Christian Fuchs. Sobre o papel do Estado em Karl Marx, sugiro o comentador Paul Wetherly e seu livro *Marxism and the State: An Analytical Approach* (2005).

Os dois livros mais elucidativos da trajetória histórica e teórica da Escola Inglesa foram escritos por Barry Buzan. São eles: *From International to World Society? English School Theory and the Social Structure of Globalisation*, publicado em 2004; e *An Introduction to the English School of International Relations: The Societal Approach*, publicado em 2014. Entre os manuais, cabe destacar o artigo intitulado "The English School" de Andrew Linklater encontrado em *Theories of International Relations* (1995), assim como o capítulo "The International Society Tradition" do manual escrito por Knud Erik Jørgensen (*International Relations Theory: A New Introduction*).

O construtivismo é amplamente debatido pela literatura especializada. Os melhores livros que contam a trajetória teórica do construtivismo são *Constructivism in International Relations: The Politics of Reality*, de Maja Zehfuss, publicado em 2004; e *Constructivism and International Relations: Alexander Wendt and his Critics*, editado por Stefano Guzzini e Anna Leander e publicado em 2006. Entre os manuais, o capítulo sobre a teoria escrito por Christian Reus-Smith no manual *Theories of International Relations* (1995).

A literatura de comentadores do pós-modernismo em RI já é bastante considerável. Entre os manuais, o texto escrito por Richard Devetak intitulado "Postmodernism" do *Theories of International Relations* (1995) e o capítulo sobre a teoria escrito por João Pontes Nogueira e Nizar Messari do *Teorias das Relações Internacionais: conceitos e debates* (2005) são boas referências. Uma boa revisão foi escrita por Aslı Çalkıvik intitulada "Poststructuralism and Postmodernism in International Relations", do *Oxford Research Encyclopedia of International Studies* (2017); assim como o artigo de Chris Brown "Turtles All the Way Down: Anti-Foundationalism Critical Theory and International Relations" (1994), publicado na *Millenium: Journal of International Studies*.

A crescente produção científica sobre o feminismo tanto nas ciências sociais como nas RI tem gerado boas revisões da literatura. Para entender o feminismo como teoria mais geral das ciências sociais, sugiro o livro de Carole Pateman e Mary Lyndon Shanley intitulado *Feminist Interpretations and Political Theory* (1991); e o excelente livro de Flávia Biroli e Luis Felipe Miguel intitulado *Feminismo e política: uma introdução* (2014). Sobre os estudos feministas em RI, dois livros são importantes. Primeiro, o excelente livro *Global Gender Issues in the New Millennium* (2014), de Anne Sisson Runyan e V. Spike Peterson; segundo, o livro *Gender Matters in Global Politics: A Feminist Introduction to International Relations* (2010), organizado por Laura J. Shepherd.

É importante notarmos que a teoria *queer* não aparece nos manuais mais tradicionais de RI. Dessa maneira, é necessário buscar outras fontes fora das RI para ler sobre. Para uma boa introdução sobre esse tema nas ciências sociais, sugerimos o livro *A Critical Introduction to Queer Theory* (2003), de Nikki Sullivan, assim como o belo livro editado por Diane Richardson, Janice McLaughlin e Mark E. Casey intitulado *Intersections Between Feminist and Queer Theory* (2006) e o artigo de Lisa Duggan chamado "The Discipline Problem: *Queer* Theory Meets Lesbian and Gay History" (1995), publicado na *GLQ: a Journal of Lesbian and Gay Studies*. Também sugerimos o *Cambridge Companion to Queer Studies* (2020), editado por Siobhan Somerville. Um dos melhores artigos que revisam o *"queer turn"* das RI é "Everything You Always Wanted to Know about Sex (in IR) But Were Afraid to Ask: The '*Queer Turn*' in International Relations" (2017) de Melanie Richter-Montpetit, publicado na *Millenium: Journal of International Studies*. Outra excelente referência é o artigo de Cynthia Weber "From *Queer* to *Queer IR*" (2014), publicado na *International Studies Review*.

Há um livro muito importante para entender as premissas e conceitos básicos do pós-colonialismo: *Post-Colonial Studies: The Key Concepts* (2000), de Bill Ashcroft e colegas. Sobre o pós-colonialismo em RI, sugiro o excelente *Power, Postcolonialism and International Relations: Reading Race, Gender and Class* (2002), de Geeta Chowdhry e Sheila Nair. Sobre as teorias não ocidentais, é fundamental ler *Non-Western International Relations Theory: Perspectives on and beyond Asia* (2010), de Amitav Acharya e Barry Buzan. Sobre a tradição latino-americana, sugiro os dois textos de Arlene Tickner: *Hearing Latin American Voices in International Relations Studies* (2003) e *Seeing IR Differently: Notes From the Third World* (2003).

O melhor texto sobre as teorias normativas em RI é *International Relations Theory: New Normative Approaches* (1992), de Chris Brown. Uma boa revisão geral sobre as teorias normativas é o livro *Normative Theory in International Relations: a Pragmatic Approach* (1999), de Molly Cochran. O artigo de David Morrice, "The Liberal-Communitarian Debate in Contemporary Political Philosophy and Its Significance for International Relations" (2000), publicado na *Review of International Studies*, o de Andrew Hurrell "Norms and Ethics in International Relations" (2003), publicado no *Handbook of International Relations*, e o livro de Emmanuel Adler, *Communitarian International Relations: the Epistemic Foundations of International Relations* (2004), são boas discussões gerais.

Agradecimentos

Meu primeiro agradecimento vai para o professor Antônio Carlos Lessa, do Instituto de Relações Internacionais da Universidade de Brasília (IREL-UnB), pelo honroso convite de escrever este livro para a coleção de manuais de Relações Internacionais organizada pelo IREL-UnB e pela Editora Contexto. Conheço o professor Lessa desde os tempos de graduação e sempre o tive como uma grande referência intelectual das Relações Internacionais do Brasil, principalmente pelo seu brilhante papel como líder da *Revista Brasileira de Política Internacional*.

Agradeço também a Editora Contexto por levar adiante este importante projeto de manuais tão necessários aos mais de 100 cursos de graduação em Relações Internacionais no Brasil. A revisão acurada do texto foi muito importante para o produto final.

Meu agradecimento especial vai para meus colegas Felipe Estre (King's College London / Instituto de Relações Internacionais da Universidade de São Paulo – IRI-USP) e Carolina Pavese (Escola Superior de Propaganda e Marketing/SP) pela paciência em revisar os capítulos sobre a teoria *queer* e feminismo, respectivamente. Aprendi com suas correções e dicas de como melhorar a apresentação dos argumentos de literaturas que pouco conhecia.

Por fim, agradeço à minha família, em especial à minha esposa, Terea Wooster Guimarães, pelo eterno apoio.

Este livro é dedicado aos meus alunos de Teoria Avançada em Relações Internacionais do Instituto de Relações Internacionais da Universidade de São Paulo.

Bibliografia

ANGELL, Norman. *A grande ilusão*. São Paulo: Imprensa Oficial do Estado, 2002.
ASHLEY, Richard. The Poverty of Neorealism. *International Organization*, v. 38, n. 2, pp. 225-86, 1984.
_____. Untying the Sovereign State: A Double Reading of the Anarchy Problematique. *Millennium: Journal of International Studies*, v. 17, n. 2, pp. 227-62, 1988.
BEAUVOIR, Simone de. *O segundo sexo*. Rio de Janeiro: Nova Fronteira, 1990.
BEITZ, Charles. *Political Theory and International Relations*. Princeton: Princeton University Press, 1979.
BROWN, Chris. *International Relations Theory*: New Normative Approaches. New York: Columbia University Press, 1992.
BULL, Hedley. *A sociedade anárquica*. Brasília: Editora da UnB, 2002 [1977].
_____; WATSON, Adam (eds.). *The Expansion of International Society*. Oxford: Oxford University Press, 1984.
_____; KINGSBURY, Benedict; ROBERTS, Adam. *Hugo Grotius and International Relations*. Oxford: Clarendon Press, 1992.
BURCHILL, Scott et al. (eds.) *Theories of International Relations*. New York: Palgrave MacMillan, 1995.
BUTTERFIELD, Herbert; WIGHT, Martin. *Diplomatic Investigations*: Essays in the Theory of International Politics. Oxford: Oxford University Press, 2019 [1966].
BUTLER, Judith. *Gender Trouble*: Feminism and the Subversion of Identity. New York: Routledge, 1990.
_____. *Bodies That Matter*: on the Discursive Limits of Sex. New York: Routledge, 1993.
CARLSNAES, Walter; RISSE, Thomas; SIMMONS, Beth A. (eds.). *Handbook of International Relations*. 2. ed. London: SAGE Publications, 2013.
CARR, Edward. *Vinte anos de crise (1919-1939)*: uma introdução ao estudo das Relações Internacionais. São Paulo: Imprensa Oficial do Estado, 2001.
CHOWDHRY, Geeta; NAIR, Sheila. *Power, Postcolonialism and International Relations*: Reading Race, Gender and Class. New York: Routledge, 2002.
COX, Robert. Social Forces, States and World Orders: Beyond International Relations Theory. *Millennium: Journal of International Studies*, v. 10, n. 2, pp. 126-55, 1981.

ELSHTAIN, Jean Bethke. *Women and War*. Chicago: The Chicago University Press, 1987.
ENLOE, Cynthia. *Banana, Beaches and Bases*: Making Feminist Sense of International Politics. Berkeley, CA: University of California Press, 1990.
FANON, Frantz. *Pele negra, máscaras brancas*. Salvador: Editora da UFBA, 2008 [1952].
_____. *Os condenados da terra*. Rio de Janeiro: Civilização Brasileira, 1961/1968.
FOUCAULT, Michel. *A história da loucura na Idade Clássica*. 5. ed. São Paulo: Perspectiva, 1997.
_____. *As palavras e as coisas*: uma arqueologia das ciências humanas. São Paulo: Martins Fontes, 1985 [1966].
_____. *A arqueologia do saber*. 5. ed. Rio de Janeiro: Forense Universitária, 1997 [1997].
_____. *Vigiar e punir*: nascimento da prisão. 14 ed. Petrópolis: Vozes, 1987 [1975].
_____. *História da sexualidade*: a vontade de saber. 11. ed. Rio de Janeiro: Graal, 1993 [1976].
_____. *A microfísica do poder*. Rio de Janeiro: Graal, [1979].
FURTADO, Celso. Development and Stagnation in Latin America: a Structuralist Approach. *Studies in Comparative International Development*, v. I, n. 11, pp. 159-75, 1965.
GIDDENS, Anthony. *Capitalismo e moderna teoria social*. Lisboa: Presença, 1971.
_____. *A estrutura de classes em sociedades avançadas*. Rio de Janeiro: Zahar, 1973.
_____. *The Constitution of Society*: Outline of the Theory of Structuration. Cambridge: Polity Press, 1984.
GRAMSCI, Antonio. *Cadernos do cárcere*, v. 01, 02 e 03. Rio de Janeiro: Civilização Brasileira, 1999.
GRIFFITHS, Martin. *Fifty Key Thinkers in International Relations*. New York: Routledge, 1999.
GROTIUS, Hugo. *O direito da guerra e da paz (De Jure Belli ac Pacis)* v. I. Ijuí: Editora Unijuí, 2004 [1625].
GUPTA, Sisir. *Kashmir: a Study in Indo-Pakistan Relations*. Nova Déli: Asia Publishing House, 1967.
HOBBES, Thomas. *Leviatã ou Matéria, forma e poder de um Estado eclesiástico e civil*. São Paulo: Martin Claret, 2014.
HOBSON, John A. *Imperialism*: a Study. New York: Cosimo Classics, 2005 [1902].
INAYATULLAH, Naeem; BLANEY, David L. *International Relations and the Problem of Difference*. New York: Routledge. 2004.
JAGUARIBE, Hélio. Autonomía periférica y hegemonía céntrica. *Estudios Internacionales*, 46, pp. 91-130, 1979.
JØRGENSEN, Knud Erik. *International Relations Theory*: A New Introduction. London: Palgrave, 2018.
KANT, Immanuel. *A fundamentação da metafísica dos costumes*. Petrópolis: Vozes, 2013 [1797].
KAUTILYA. *The Arthashastra*. New York: Penguin Classics, 1992.
KEOHANE, Robert. *After Hegemony*: Cooperation and Discord in World Politics. Princeton: Princeton University Press, 1984.
_____ (ed.). *Neorealism and Its Critics*. New York: Columbia University Press, 1986.
_____; NYE, Joseph. (eds.). *Transnationalism and World Politics*. Cambridge: Harvard University Press, 1972.
_____; NYE, Joseph. *Power and Interdependence*. New York: Longman, 2001 [1977].
KRATOCHWIL, Friedrich. *Rules, Norms and Decision*: on the Conditions of Practical and Legal Reasoning in International Refations and Domestic Affairs. Cambridge: Cambridge University Press, 1989.
_____; RUGGIE, John. International Organization: a State of the Art on an Art of the State. *International Organization*, v. 40, n. 4, pp. 753-75, 1986.
KRISHNA, Sankaran. Race, Amnesia, and the Education of International Relations. *Alternatives*, 26, pp. 401-24, 2001.
LÊNIN, Vladimir. *Duas táticas da social-democracia na revolução democrática*. São Paulo: Livramento, 1975 [1905].
_____. *Imperialismo*: fase superior do capitalismo. São Paulo: Centauro, 2003 [1917].
_____. *O que fazer? As questões palpitantes do nosso movimento*. São Paulo: Boitempo, 2020 [1902].
LOCKE, John. *Segundo tratado sobre o governo civil e outros escritos*. Petrópolis: Vozes, 2019.
MARX, Karl. *A ideologia alemã*. São Paulo: Martins Fontes, 2002 [1845].
_____. *O 18 Brumário de Luís Bonaparte*. São Paulo: Boitempo, 2011 [1856].
_____. *Manifesto do Partido Comunista*. São Paulo: Penguin/Companhia das Letras, 2012 [1848].
_____. *O capital (vol. I)*. São Paulo: Boitempo, 2013 [1867].
MEARSHEIMER, John. *The Tragedy of Great Power Politics*. New York: W. W, Norton & Company, 2001.
MORE, Thomas. *Utopia*. São Paulo: Imprensa Oficial do Estado, 2001.
NOGUEIRA, João Pontes; MESSARI, Nizzar. *Teorias das Relações Internacionais: conceitos e debates*. Rio de Janeiro: Elsevier, 2005.
ONUF, Nicholas. *World of Our Making: Rules and Rule in Social Theory of International Politics*. New York: Routledge, 1989.

PATEMAN, Carole. *The Sexual Contract*. Oxford: Polity Press, 1988.
PETERSON, V. S. Transgressing Boundaries: Theories of Knowledge, Gender and International Relations. *Millennium: Journal of International Studies*, v. 21, n. 2, pp. 183-206, 1992.
_____. The Intended and Unintended Queering of States/Nations. *Studies in Ethnicity and Nationalism*, v. 13, n. 1, pp. 57-68, 2013.
PUIG, Juan Carlos. *Doctrinas internacionales y autonomía latinoamericana*. Caracas: Instituto de Altos Estudios de América Latina, Universidad Simón Bolívar, 1980.
QUIJANO, Aníbal. Coloniality of Power, Eurocentrism and Latin America. *Nepantla: Views from the South*, v. 1, n. 3, pp. 533-80, 2000.
_____. Coloniality and Modernity/Rationality. *Cultural Studies*, v. 21, n. 2, pp. 168-78, 2007.
RAWLS, John. *Uma teoria da justiça*. São Paulo: Martins Fontes, 1997 [1971].
_____. *O liberalismo político*. São Paulo: Ática, 2000.
_____. *O direito dos povos*. São Paulo: Martins Fontes, 2004 [1999].
REUS-SMIT, Christian; SNIDAL, Duncan (eds.). *Oxford Handbook of International Relations*. Oxford: Oxford University Press, 2008.
ROUANET, Sérgio Paulo. Manifesto Antropófago II – Oswald de Andrade. *Nuevo Texto Crítico*, n. 23/24, pp. 35-9, 1999.
SAID, Edward. "The Arab Portrayed". In: *Abu-Lughod, Ibrahim (ed.) The Arab–Israeli Confrontation of June 1967: An Arab Perspective*. Evanston, IL: Northwestern University Press, 1970.
_____. *Orientalismo*: o Oriente como invenção do Ocidente. São Paulo: Companhia das Letras, 2003 [1978].
_____. *Cultura e imperialismo*. São Paulo: Companhia das Letras, 2011 [1993].
SANDEL, Michael. *O liberalismo e os limites da Justiça*. Lisboa: Fundação Calouste Gulbenkian, 2005 [1982].
_____. *Justiça*: o que é fazer a coisa certa. Rio de Janeiro: Civilização Brasileira, 2014.
SEDGWICK, Eve Kosofsky. *Epistemology of the Closet*. Berkeley: University of California Press, 1990.
_____. *Queer and Now*. *Tendencies*. Durham, NC: Duke University Press, 1993.
TICKNER, J. Ann. *Gender in International Relations*: Feminist Perspectives on Achieving Global Security. New York: Columbia University Press, 1992.
TUCÍDIDES. *História da Guerra do Peloponeso*. São Paulo: Imprensa Oficial do Estado, 2001.
VIOTTI, Paul; KAUPPI, Mark. *International Relations Theory*. 5. ed. Boston: Longman, 2012.
WALKER, R. B. J. *Inside/Outside*: International Relations as Political Theory. Cambridge: Cambridge University Press, 1992.
WALLERSTEIN, Immanuel. *World System Analysis: an Introduction*. Durham: Duke University Press, 2004.
_____. *The Modern World System* v. I, II e II. Berkeley: University of California Press, 2011.
WALTZ, Kenneth. *Teoria das Relações Internacionais*. Lisboa: Gradiva, 2002 [1979].
_____. *O homem, o estado e a guerra*: uma análise teórica. São Paulo: Martins Fontes, 2004.
WALZER, Michael. *Guerras justas e injustas*: um argumento moral com ilustrações históricas. São Paulo: Martins Fontes, 2003 [1977].
_____. *Esferas da Justiça*: uma defesa do pluralismo e da igualdade. São Paulo: Martins Fontes, 2003 [1983].
_____. *Politics and Passion*: Toward a more Egalitarian Liberalism. New Haven: Yale University Press, 2006.
WATSON, Adam. *A evolução da sociedade internacional*: uma análise histórica comparativa. Brasília: Editora Universidade de Brasília, 2004.
WEBER, Cynthia. *Queer International Relations*: Sovereignty, Sexuality and the Will to Knowledge. Oxford: Oxford University Press, 2016.
WENDT, Alexander. Anarchy is What States Make of It. *International Organization*, v. 46, n. 2, pp. 391-425, 1992.
_____. *Social Theory of International Politics*. Cambridge: Cambridge University Press, 1999.
WIGHT, Martin. *International Theory*: Three Traditions. New York: Holmes & Meier, 1991.
_____. *A política do poder*. Brasília: Editora da UnB, 2002.
WOLLSTONECRAFT, Mary. *A Vindication of the Rights of Woman*. Londres: Compass Circle, 2019 [1792].
ZVOBGO, Kelebogile; LOKEN, Meredith. Why Race Matters in International Politics?. *Foreign Policy*, 19 de junho, 2020.

O autor

Feliciano de Sá Guimarães é professor-associado da Universidade de São Paulo (USP), atuando na área de Teoria das Relações Internacionais Avançada. Doutor em Ciência Política pela USP, foi professor visitante da Universidade de Yale, Estados Unidos. É pesquisador do Conselho Nacional de Desenvolvimento Científico e Tecnológico (CNPq).

GRÁFICA PAYM
Tel. [11] 4392-3344
paym@graficapaym.com.br